나의 역사 다시 쓰기

지존감 회복
마음톡톡

푸드표현으로

만나는

치유와 성장의

마음여행

나의 역사 다시 쓰기

자존감 회복
마음톡톡

푸드표현으로
만나는
치유와 성장의
마음여행

최진태 김미리 박소희 박지은
성인혜 이은숙 정재숙

 도서 **더 로드**
The Road Books

"'왕자와 공주' 공동체가 진행한
자신의 역사를 엮다"

1. 왕자와 공주, 그 위대한 출발

2004년 당시엔 내가 있는 학교에는 상담실이 없었고 상담실을 대신할만한 공간을 찾는 것도 어려웠다. 학교와 여러 사람의 도움으로 과학준비실 한편에 마련한 회의 공간에서 시작한 상담학습전문공동체 '왕자와 공주(이하 왕공)'가 올해로 19년을 맞았다. 나의 40대와 50대에 왕공이 늘 같이 있었다. 그렇게 나의 중년이 지나갔구나 싶다. 이 공동체는 학생상담자원봉사자에게 상담이 어떤 것인지, 무엇인지, 어떻게 하는 것인지를 직접적으로 경험하는 것이 필요하다고 생각하고 자기성장 집단상담으로 그 역사는 시작되었다. 매주 금요일 3시간씩 이루어진 집단상담은 매번 울음바다가 되었다. 슬픔이 자신과의 화해로 바뀌는 치유와 성장의 연속이었다. 그동안 왕공 회원들과 관계발달 집단상담, 미술치료, APTeens(적극적 부모역할훈련), 현실치료 성장훈련, 감정코칭, Satir의사소통훈련, Satir부모교육, 정서중심치료, 상담의 과정과 기법, 에니어그램, 푸드표현예술치료, MSC(마음챙김-자기연민), 푸드표현예술치료 등의 교육과 프로그램을 실시했었다. 올해도 19년 동안 해 온 날과 같이 매주 금요일에 상담실(Wee클래스)에서 왕공을 만났다. 자기 삶을 이야기하고 감정적 교류를 하며, 상담을 경험하고 그 경험을 바탕으로 학생들을 상담하고 상담수퍼비전도 하고 있다.

〈별빛 - 따로 또 같이〉

왕공 회원으로 가끔은 아버지들도 참여했지만 대부분이 아동청년기 자녀를 둔 중년여성들이었다. 대부분 상담에 대한 경험이 없었고 상담을 하기 위해 청소년을 만나는 것 또한 처음이었다. 그렇게 시작해서 지금은 학교 전문상담사로, 상담센터장, 피해여성을 위한 보호기관, 청소년 상담기관 등에서 활동하는 전문가로 성장하였다. 상담사로서 마음의 상처를 지닌 사람들에 좋은 치료적 도구로서 그 역할을 하고 있다는 소식을 들을 때면 내가 이 일을 하길 잘했구나 싶다.

이 책은 2021년에 '왕자와 공주' 공동체가 진행한 자신의 역사를 엮은 것이다. 자신의 탄생부터 지금까지의 삶에서 중요한 생활사건을 푸드로 표현하고 능동적 심상법과 피드백을 통한 회복과 일상의 이야기를 담고 있다. 자신의 과거를 다시 보는 작업은 지치고 힘든 일이다. 특히 원가족을 다시 만나는 작업에는 저항이 많았다. 자기 자신의 이야기이지만 묻어둔 과거도 있고, 잃어버리고 싶은 아픔과 상처도 있다. 그것을 다시 만나는 일은 어렵고 고단한 일이다. 아직 충족되지도 해소되지 못한 채 벽 뒤편에 있는 수많은 상처는 트라우마를 재경험하는 것과 같이 마치 지금 그 상처를 경험하는 것과 같았다. 그만큼 그 아픔의 무게는 크게 다가왔다. 그 아픔과 상실, 억압, 상처, 절망의 무게를 지고서 자기 역사 다시 쓰기의 푸드표현예술치료와 책 쓰기에 참여해 준 공동 저자분들에게 감사드린다.

2. 푸드표현으로 다시 쓰는 나의 역사

자기 역사를 다시 쓰기는 자신의 삶을 재구성하는 일이다. 과거는 지나갔다. 과거를 붙잡고 있으면 그 영향을 계속해서 받게 된다. 지난 과거가 되지 못한 그 상처는 현재의 삶을 살아가는데 장애물이 되어 유사한 경험을 할 경우 이전의 고통을 을 다시 겪게 한다. 붙잡고 있는 부정적 감정을 내려놓고 흘러가도록 할 필요가 있다. 현재 붙잡고 있는 상처와 아픔의 이야기를 애정 어린 시선으로 접촉하여 직면하고 개방하고 표현하는 것이 작년 한 해 왕공과 함께한 작업이었다.

자기 역사 다시 쓰기의 푸드표현예술치료 작품활동은 총 12회기로 진행되었다. 자기소개와 자기-바람 그리고 탄생에서 지금-여기까지의 삶을 시대순으로 진행했다. 이 책에서는 저자들 각자가 자기 삶의 중요한 일상생활 상황을 재구성하여 차례를

정하였다. 독자 입장에서는 저자들이 중요한 자기 삶의 초점을 어디에 두었는지를 아는 좋은 기회가 될 것이다. 자기 역사 다시 쓰기의 푸드표현예술치료 작품활동의 주요한 내용을 정리하면 다음과 같다.

〈달님 – 꽃피어나는 나〉

첫 번째, 자신의 역사 전체를 조망하기 위해 자기 역사연대기를 작성하였다. 이는 출생 후 현재까지 주요 생활사건을 연대별로 나열한 것이다. 그 안에는 언제나 기억을 떠올리면 해도 미소 짓게 하는 좋았던 일도 있고, 기억하고 싶은 않은 부정적인 사건도 있다. 이 활동을 하면서 참가자 대부분은 다시 만나고 싶지 않은 아팠고 힘들었던 기억을 다시 경험하듯이 힘들어했다. 약간 상기된 목소리와 표정으로 자신의 역사연대기를 이야기하면서 눈물이 뺨을 타고 흐르는 참가자들이 많았다. 한 사람 한 사람의 역사연대기는 한 편의 소설과 같았다. 이 책에는 저자들의 자기 역사 연대표가 실리지 않아 독자들에게 아쉬움이 클 수도 있겠다.

〈탄생톡톡 : 가온 - 귀하다〉

두 번째, 탄생 톡톡은 새로운 생명으로 태어난 순간에 초점을 둔 활동이다. 다수가 자신의 출생이 부모와 가족에게 환영받지 못했다는 고백이 있었고, 자신만 그런 경험을 한 것이 아니라는 것에 위로와 함께 푸드작품 표현하기와 피드백 나누기 과정을 통해 자신의 출생에 대한 새로운 의미와 가치를 긍정적으로 부여하였다. 충분히 귀한 존재로서 이 세상에 오길 잘했다는 환영의 메시지를 보고 들었을 뿐 아니라 아이를 출산해본 어머니로서 자신의 어머니를 다시 만나는 순간이기도 하였다. 생명의 귀중함을 몸소 겪은 사람으로 그 귀함을 자신에게 돌려주는 활동이었다.

〈성장 1기 : 별빛 – 사랑의 열매〉

세 번째, 유아동기부터 현재까지를 성장 1~4구간을 나누었다. 구간별 대표적인 특징을 3개의 명사로 표현하고서 각 구간을 회기로 하여 푸드표현 예술 작품활동을 하였다. 성장 구간은 일정한 시간으로 구분하지 않고 각자의 삶의 중요한 지점을 기준으로 나누었다. 각 회기의 푸드작품은 회기를 거듭하면서 푸드 매체를 활용하는 방법과 표현하는 능력도 향상되어 푸드 표현이 더욱 적절하게 이루어졌다. 그리고 작품에 대한 피드백과 나누기 작업이 서로에게 지지적으로 진행되었고, 이를 통해 참가자들 간의 신뢰감과 안정감이 빠르게 형성되었다.

〈아버지 - 종합과자선물세트〉

〈어머니 - 훨훨날아가세요〉

네 번째, 아버지 이야기와 어머니 톡톡은 인생에서 가장 많은 영향을 준 부모님에 대한 각자의 인식을 표현하였다. 대부분이 부모-자녀 관계로서 해결되지 못한 아픔이 있었다. 그 아픔을 푸드작품으로 표현하는 활동 자체가 부모님과의 관계 회복과 화해를 촉진하여 힐링이 되었고, 푸드작품에 대한 느낌과 이미지에 대한 피드백 나누기 과정에서 오랫동안 가지고 있었던 아버지와 어머니에 대한 이미지와 인식에 변화가 생겼다. 몇 번이고 이 활동을 회피하는 경우가 있어 이 주제를 다루는 회기는 다른 활동보다 더 천천히 진행되었다.

〈현재가족 : 니나노 - 인연〉

다섯 번째, 현재 가족 톡톡은 현재 가족에 대한 느낌을 표현하였다. 여전히 진행 중인 고민과 문제가 각자 가정마다 있다는 것을 자기-개방과 나누기 과정에서 알게 되었고, 서로가 서로에게 응원으로 힘을 얻었다. 활동을 거듭하면서 자신이 만나야 할 것은 만나야 한다는 것을 받아들이는 모습이었다.

〈네모 – 순행이어도 역행이어도〉

마지막은 지금–여기 톡톡으로 참가자들의 지지, 응원, 격려를 쏟아붓는 작업을 하였다. 한명 한명이 주인공이 되어 격려와 위로와 칭찬과 응원과 사랑을 전했다. 서로가 그동안 얼마나 위로가 되고 필요한 사람이었는지를 체험하는 순간이었다. 이와 같은 작업을 통해 자기 자신에게도 더 친절한 사람이 되고 마음이 여유로워지고 자신을 존중하는 태도를 보였다.

3. 기쁜 감사

〈별빛- 환희〉

푸드 매체는 우리의 몸과 마음을 이완시키는 매력적인 도구이다. 오감 자극을 통해 느낌과 심상을 갖게 하고 마음에 담긴 이야기를 풀어내게 한다.

가장 큰 소득은 각자가 경험한 아픔과 충만함 등의 감정과 정서를 푸드작품으로 표현하면서 중년기 여성들이 자신의 삶을 새롭게 쓸 수 있는 자신감과 용기를 갖게 된 것이다. 자신을 자연스럽게 드러내고 표현하여 벽 뒤에 숨어 있었던 상처와 아픔이 해소되고 뒤로 지나가 이제 과거가 되게 한 것이다. 그 용기에 진심으로 열렬한 박수를 보낸다. 저자들은 이미 귀한 사람이었다. 자신이 이미 귀하고 소중한 사람이라는 것을 받아들여 부드러운 미소로 서로를 마주하는 모습은 아름다웠다.

이 아름다운 미소는 자기 자신이 자신의 삶의 중심을 갖는 것이고 스스로 중요한 사람이라는 그 사실을 받아들이는 마음의 표현이다. 자신을 받아들이는 것은 자신의 삶의 무게를 수용하는 것이고 중심-나를 바로 세우는 일이며, 나와 인연으로 만난 부모, 배우자, 자녀, 친구, 동료 등과 더 깊은 마음의 자리에서 이들과 연결하고 싶어 한 그 마음의 열망을 깨닫는 자리에 우뚝서는 일이다. 누군가의 어설픈 칭찬에 우쭐하는 것이 아니며, 누군가의 질책과 비난에 주눅 드는 것이 아니다. 이는 자기 자신이 자신을 있는 그 모습 그대로를 겸손한 마음으로 수긍하고 인정하며, 수용하는 것이다. 이는 자신을 존중하는 것이며, 사랑하는 것이다. 고통과 아픔을 겪었고 겪고 있는 자신을 따뜻하고 부드럽게 어루만지는 일이고 자기 자신을 친절하게 맞이해주는 것이다. 우리에게 이것이 필요하다.

작년에 이 과정을 같이 했던 분들은 10분이다. 그중에는 글쓰기에는 참여하지 않은 별빛, 동동, 가시고기, 달님도 있다. 이 책에 공동 저자로 참여한 가온, 네모, 니나노, 보름달, 생기발랄, 정해도 있다. 이 모든 분에게 이 지면을 통해 다시 한번 감사를 전한다. 자신의 이야기를 공개하는 것이 쉬운 작업이 아님에도 불구하고 용기를 내고 백지였던 빈 공간을 치유와 성장의 아름다운 힐링공간으로 채워준 분들이다. 이들과의 인연에 감사하며 행복과 축복과 아름다움이 함께 하길 바란다. 그리고 보이지 않게 이 과정을 응원하고 지지해 준 아버지, 어머니, 그리고 가족들과 참여해 준 푸드표현예술치료사들에게도 감사드린다.

독자들이 용기를 내어 자신의 삶을, 자신의 역사를 다시 만나 자긍심을 갖길 바란다. 그곳에 우리가 그랬듯이 푸드표현예술 활동이 치유와 성장의 기쁨으로 다시 꽃이 피게 된다면 더욱 아름다움으로 빛날 것이다. 언제나 우리는 이 빛으로 회복할 수 있다.

2022. 홍시가 익어가는 가을에

인연으로 찾아온 사람들에게 사랑과 감사를 전하며

대표 저자 **최진태**

"자신의 삶의 시간들을 푸드로 표현하고
담담하게 써 내려간 소중한 역사"

삶의 치유예술인 푸놀치가 '왕공'과 함께 하며 새
로운 역사를 만들어 가는 마법의 세계로 여러분을 초대합니다.

최진태 선생님과 함께한 19년간의 '왕공(왕자와 공주), 그 위대한
발자취'에 우선 감사와 응원의 박수를 보냅니다. 그리고 푸드표
현예술치료와 만나 마음속 깊이에 꽁꽁 묻어두었던 이야기를
아름답게 펼쳐낸 왕공님들께 진심으로 감동의 마음을 전합니
다. 왕공님들이 더욱 건강하고 아름다운 존재로 우뚝 서는데 한
국푸드표현예술치료협회가 함께 할 수 있었다는 것에 감사하며
진정한 자신과 만나 성숙하고 아름답게 거듭난 왕공님들의 용
기에 열렬한 축하를 보냅니다.

자신을 만난다는 것, 자신의 역사와 대면한다는 것, 자신의 내면의 진솔한 모습을 본다는 것. 이것은 어쩌면 인생에서 필요로 하는 자연스러우면서도 당연한 일일뿐인데 그것이 우리에게는 왜 그리 불편하고 어렵게 느껴질까요? 아니 왜 두렵기까지 할까요? 아마 익숙하지 않아서? 살아오면서 해 본 경험이 없어서? 아니면 배워 본 적도 없고 막상 어떤 자신을 만나게 될지 예상할 수가 없어서 일까요?

우리는 태어나 성장해가는 길에서 참 열심히 살았습니다. 아니 살아냈습니다. 스스로가 정해놓은 일을 성실하게 이뤄가느라, 그리고 자신은 원하지 않았지만 누군가에 의해 억지로 주어진 과제를 만족스럽게 달성하느라 쉼 없이 정신없게 열심히 바쁜 시간들을 보냈습니다. 그러나 그런 나름의 노력의 결과가 정작 우리로 하여금 자신 스스로와 관계를 점점 더 멀어지게 하였고, 그렇게 수십 년을 보내고 나니 자신과 만나는 것이 새삼스러워 쑥스럽기도 하고 어떻게 만나는 것인지 방법을 모른 채 살아오게 된 것이 아닌가 합니다.

이 책은 7명의 저자들이 함께 참여한 푸드표현예술치료 집단프로그램을 통해 자신의 삶의 시간들을 솔직하고 꾸밈없이 푸드로 표현하고 담담하게 써 내려간 개인들의 소중한 역사, 인생 자서전이라고도 할 수 있습니다. 먼저 자신의 삶을 그대로 독자들에게 투영시켜 낸 저자들의 용기에 박수를 보냅니다. 학생상담자원봉사자들을 가르치고 훈련시키는 상담학습전문공동체인 왕자와 공주를 만들어 많은 상담자와 전문가들을 길러내신 프로그램의 촉진자 선생님의 열정과 노력, 사랑에 열렬한 지지를 보냅니다. 강산을 두 번이나 변하게 하는 19년의 시간의 흐름 동안 한 알의 씨앗으로 썩어져 왕공 그들은 이미 많은 사랑의 결실들을 맺었고 또 다른 사랑의 역사를 이어가고 있습니다. 그 하나하나의 결실이 또 하나의 씨앗이 되어 자기 자신을 스스로 사랑하고 가정과 이웃과 사회를 건강하고 행복하게 변화시켜가는 증거가 바로 이 책입니다.

저자들이 자신의 삶과 마음을 만나고 표현하는 과정에 삶의 치유예술인 창의융합 맛있는 치료 푸드표현예술치료가 좋은 동반자가 되어 준 사실에 한국푸드표현예술협회의 창시자로 매우 기쁘고 감개무량합니다. 푸드표현예술치료는 일상에서 우리가 늘 만나는 몸을 튼튼히 하는 밥상위의 음식재료들을 활용합니다. 가족을 위해 누군가를 위해 차렸던 그 밥상을 자신을 위한 밥상 위의 심리학으로 자신에게 선물하는 것입니다.

그동안 사랑하는 가족들을 위해 여자이기보다는 엄마로 며느리로 아내로 살아온 그녀들, 가족과 주위를 돌보는 마음으로 어쩌면 자신보다 자녀를 가족을 이웃을 먼저 지키고 사랑해온 그녀들은 자신의 자리에서 융이 말하는 '중년의 심리학' 마음공부를 이미 시작했던 게 아닐까요? 푸드표현예술치료로 자신의 내면을 들여다보고 용기 있는 마음여행을 시작한 것입니다. 푸드라는 친근하지만 새로운 매체를 통해 몸의 감각을 하나하나 깨워가면서 오감을 만나니 무의식에 새겨져 있던 깊은 마음속의 내면 이야기가 아름다운 푸드표현예술 작품으로 녹여져 자신도 모르게 드러나게 되는 것입니다. 왕공님들이 자신의 내면을 들여다보고 자신과 진솔하게 대화하는 모습은 저희에게 자신의 삶을 진정으로 사랑하는 예쁜 마음들로 다가왔습니다. 또 자신의 작품에 대한 다른 집단원들과의 공감과 사랑이 담긴 나눔들(피드백)을 통해 자신이 미처 보지 못한 새로운 관점을 받아들여 시야를 넓히는 과정은 본래의 건강하고 아름다운 자신으로 한

발 더 가까이 다가가 유능한 상담자로 진화하는 시간이었을 것이라 믿습니다.

있는 그대로 자신과의 만남에서 "아하~~"하는 알아차림은 진정한 자신으로 거듭나고 건강하고 아름다운 여성이자 한 사람으로 새롭게 태어나며 다른 집단원들의 심상을 통해 자신과 타인 그리고 우리와 우주가 만나 교감하는 순간들로 이것은 푸드표현예술치료가 지향하는 바로 자유롭고 창조적인 '나'로 거듭나는 깨달음의 시간입니다. 이런 나눔에서 일어나는 자기통찰과 감동의 알아차림은 푸드표현 매체에 담긴 자연치유력과 우리가 태어나면서부터 가지고 있는 내면의 거대한 자원인 사랑, 창의성, 항상성과 우주의 에너지가 만나 그려내는 찬란한 불꽃놀이와 같습니다. 또한 푸드표현예술치료가 가진 통합적 치유력이 집단 내 역동과 함께 펼쳐내는 에너지의 신비한 조화이기도 합니다. 더하여 긴 시간의 역사속에 위대한 상담자로 수퍼바이저로 푸드표현상담 전문가로 우뚝선 촉진자 선생님의 사랑의 힘이 만들어낸 결과라 생각합니다.

집단에서 사용된 푸드라는 매체는 우리가 일상에서 늘 만나는 것이며, 우리의 생명과 연결되는 아주 중요한 것입니다. 그래서 푸드표현활동은 친근하면서도 따스한 우리들의 많은 기억과 경험들이 담겨있기에 더 정겹고 마음을 확장시키는 시간이 되기도 합니다. 그리고 어쩌면 기억이 나지 않는 무의식 저 밑바닥에 가라앉아 있는 아주 오래된 과거의 상처조차 우리는 푸드라는 자연소재의 맛과 향 등 오감의 자극에 의해 당시의 감정과 함께 만나게 됩니다. 푸드표현예술치료에서 저자들이 만든 푸드표현 작품을 통해 많은 이야기들을 들을 수 있는 이유는 그 작품 속에는 자신의 의도적 표현과 함께 의도하지 않았지만 자신의 무의식에 새겨진 기억들 그리고 내면에 있는 자기다움의 욕구 그 어떤 것까지도 담겨지기 때문입니다. 이것은 바로 우리 인간이 태어나는 순간 포효하는 우렁찬 울음으로 자신의 존재를 드러내듯 푸드표현예술 작품을 제작하는 과정에서 자유롭고 창조적인 '나'를 만나는 몰입으로 이어집니다.

푸드표현 활동 시 쉽게 몰입을 경험하게 되는 이유는 푸드가 주는 친밀감의 특성뿐만 아니라 우리 인간이 자연의 산물인 것처럼 대부분의 푸드 매체도 자연으로부터 나온 것이기에 그 연결 통로가 하나로 자연스럽게 하모니를 이루기 때문일 것입니다.

즉 자연인 우리의 마음이 자연 그 자체인 푸드 매체에 자연스럽게 녹아들기는 매우 쉽다는 것입니다. 작은 냇물과 냇물이 만나 큰 강줄기를 이루고 넓은 바다로 흘러내려가며 온 세상 만물에 생명력을 불어넣는 에너지의 원천이 되듯 우리는 자연스럽게 자연인으로 푸드표현예술 속에서 푸드라는 자연과 만나 본래의 모습을 회복하고 스스로가 아름답고 위대한 존재임을 깨달아 내면의 큰 사랑을 다시 온 자연으로 되돌려 주는 거대한 흐름과 순환에 동참하게 되는 것입니다.

저희는 삶의 치유예술인 푸드표현예술치료의 새로운 세계로 독자 여러분을 초대합니다.

푸놀치(푸놀치는 푸드표현 하고 놀면 기쁨이 치솟고요~ 푸드표현 하고 놀면 행복감이 치솟아요~ 푸드표현 하고 놀면 기적의 치유가 일어나는의 줄인말)의 신비한 세상으로 여행을 떠나보시기를 추천합니다.

이 책은 단순히 읽고 감상하고 감동받는 것을 넘어 삶의 치유예술로 셀프 테라피로 연결해주는 사랑의 메신저입니다. 책을 읽고 책꽂이에 꽂아두기보다는 저자들이 푸드표현예술치료의 길에서 경험했던 푸드라는 매체와의 신기한 만남을 독자 여러분

들도 직접 체험해보시길 권유드립니다. 손끝을 통해 표현되어
지는 푸드표현예술치료는 뇌와 시지각과 촉지각의 협응작용인
조형활동입니다. 푸드 매체를 만지며 먹고 표현하는 자유로운
작품활동을 통해 진정한 자신의 마음을 만나보시길 바랍니다.
어쩌면 나도 모르게 표현된 푸드표현 작품을 통해 그동안 가슴
에만 묻어두었던 미해결 과제가 저절로 풀어지기도 하고 인생
의 주인공으로 다시 살아가게 하는 삶의 카타르시스(정서적 해소,
정화)도 경험해보실 수 있습니다.

지금 이순간의 자유롭고 창조적 경험인 몰입(Engagement)의 순
간이 주는 놀라운 선물, 무아지경의 행복도 만끽해보세요. 이
무아지경의 삶을 경험하는 순간 여러분은 인생 주인공의 자리
에 우뚝 서 있는 자신을 발견하게 될 것입니다. 이것은 긍정심
리학의 창시자 마틴 셀리그만이 말하는 플로리시(Flourish; 행복
의 만개, 행복이 번성한 웰빙의 삶을 뜻하는 말)한 삶을 위한 행복의 다
섯 가지 요소인 PERMA가 우리 인생에서 충족되는 경험이 될
것입니다.

그리고 여러분의 소중한 푸드표현 작품을 카메라에 담아 가끔

꺼내 보시며 작품과 대화를 시도해 보신다면 여러분은 그때마다 새록새록 감춰져 있던 내면의 빛나는 보석들을 매순간 만나게 되는 기쁨과 경이로움을 누리게 될 것입니다.

푸드표현예술치료와 만남으로써 피곤하고 지친 삶에 매몰되지 않고 오히려 한 발짝 물러서 여유를 갖고 자신의 삶을 지켜보고 바라볼 수 있다면 여러분의 인생은 더욱 자연스럽게 흘러가게 되고 자기다움으로 충만하게 될 것입니다.

다시 한 번 왕공님들의 용기 있는 푸드표현 마음여행에 축하의 박수를 보내며 여러분들의 도전이 세상에 지치고 힘든 누군가에게 희망의 빛이 될 것이라 믿습니다.

건강하고 아름다운 세상을 위해 선한 영향력을 나누는

한국푸드표현예술치료협회

푸우&산타 부부

Contents
차례

제1장
시선; 타인에서 나에게로 – 김미리

제2장

니, 뭐꼬?
길 떠나는 니나노입니더~- 박소희

제3장
나와의 만남, 변화의 시작 – 박지은

제4장
숨, 박동(搏動)하다 – 성인혜

제5장

회귀(回歸) – 이은숙

제6장
기댐 – 정재숙

Contents
차례

김미리(별칭 : 가온加溫)

- Soul Care Center 대표
- 사회복지사 2급
- 한국푸드표현예술치료협회 전문강사
- 한국에니어그램협회 교육강사 2급
- 한국에니어그램상담학회 전문상담사 2급
- NLP(Neuro-Linguistic Programming) Trainer
- 상담학습전문공동체 '왕자와 공주' 16기
- E-mail. mily69kr@hanmail.net

제1장

시선: 타인에서
나에게로

김미리
Soul Care Center 대표

나는 지금이 좋고 편하게 잘살고 있는데 왜 굳이 과거를 드러내야 할까?

한참을 고민하게 했다.

어제의 기억도 잘 지우게 한 것이 내가 살아온 패턴이다.

머릿속 지우개로 과거를 자연스럽게 지워버렸다.

누구나 사람 사는 것은 비슷하다고 생각했다.

아니, 그렇게 생각하는 게 유리했다.

과거의 아픈 기억의 상자를 열어보는 게 너무나 싫었다.

〈바라보기〉

멀찍이 밀어둔 이야기를 한다는 것은 용기가 필요했다.

누군가 내 이야기를 듣고 나와 같은 아픔을 살아가고 있는 이들에게 고통을 덜어내는 데 도움이 될까 봐 조심스럽게 내 이야기를 시작해 보려 한다.

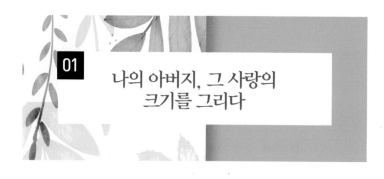

나의 아버지, 그 사랑의
크기를 그리다

01

제발 내 얘길 들어주세요. 시간이 필요해요.

서로 사랑을 하고 서로 미워도 하고

누구보다 아껴주던 그대가 보고 싶다.

가슴 속 깊은 곳에 담아두기만 했던

그래 내가 사랑했었다.

긴 시간이 지나도 말하지 못했었던

그래 내가 사랑했었다.

　-인순이의 '아버지' 노래 중에서-

　　나는 '아버지' 라는 단어만으로도 가슴이 먹먹하

다. 작년 코로나 시기에 돌아가신 아버지를 떠올리는 것 자체로 나에게 회피하고 싶은 주제이자 상황이다. 나의 죄책감을 만나는 일이다. 아버지가 외롭다는 것을 몰랐다. 어머니가 돌아가시고 얼마 지나지 않아 새 여자를 맞이하셨다. 친정을 갔을 때 어머니의 자리에 그 여자가 있는 것을 나는 받아들일 수 없었다. 이것은 가족을 위해 정말 모진 고난과 고통을 참고 시집 생활을 한 어머니에 대한 배신이고 배반이었다. 그런 아버지를 용서할 수 없었기에 미워서 등을 돌렸다.

나는 어릴 때 아버지를 많이 따랐고 좋아했다. 나의 어린 시절을 기억하는 어른들의 이야기를 들어보면 어릴 때 "아버지, 아버지"하고 운다고 할아버지에게서 많이 혼났다고 한다. 아버지라고 부르면 빨리 돌아가신다고 할아버지가 노발대발했다는 것이다. 울지 말라고 해도 그 어린 나이의 나는 여지없이 "아버지, 아버지"만 부르면서 계속 울었다고 한다. 귀하게 얻은 장손인 아버지를 할아버지는 먼저 보낼까 봐 걱정되어서 그랬다고 하는데 나는 기억이 나지 않는다. 밭일하고 오는 아버지를 반기는 것도 나였다고 한다. 그래서인지 아버지는 그런 막내딸을 귀여워해 주셨다고 한다. 애교도 많아 아버지가 좋아하셨다고 한다.

내가 가족을 알기 시작한 나이부터 내가 본 아버지는 엄마를 함부로 대하는 폭군이었다. 할아버지도 할머니를 함부로 대하였다. 집안에서 이런 모습을 보고 자란 아버지여서 그랬을까 아내와 자식에게 할아버지가 할머니를 대하는 것과 같았다. 감정의 표현은 당신의 기분에 따라서 수시로 급변했다. 아버지는 기분을 맞추기 어려운 성격이었다. 그래서 아버지가 얻은 별명이 있다. 어린 조카가 지어준 별명인데 '17면조'였다. 그런데 아버지의 감정을 투사하는 대상에서 나는 예외였다. 아버지에게 대들어도, 화를 내도, 짜증을 내도 아버지는 나를 야단치지 않았다. 엄마를 때릴 때도 욕을 할 때도 아버지께 따지며 대들었다. 아버지는 나에게만은 아무런 말도 없으셨다. 아버지로부터 상처받아 울고 있는 어머니와 언니의 모습을 보면 화가 났다. 눈을 부릅뜨고 왜 울리냐고 큰 소리로 성질내면서 아버지의 부당한 처사에 대항하며 아버지께 유일하게 대든 딸이 나였다. 아버지는 다른 가족을 대한 것과는 다르게 나를 가만히 받아주기만 했다.

시간이 흘러, 막내딸인 나의 결혼식을 하루 앞두고 아버지는 '가서 살아보고 아니면 돌아온나~' 라고 하셨다. 아버지가 나를 위하는 그 마음은 아마도 어린 내가 울면서 '아버지, 아버지' 하고 찾았던 그때부터 가득했었나 보다. 아버지의 그 말씀은 내가 선택한 결정이기에 결혼생활이 힘들어도 책임감으로 참고 견딜 수 있게 하는 원동력이 되었다.

〈아버지의 별명, 17면조〉

아버지를 생각하면서 떠오른 모습은 획 획 뒤집는 '17면조'였
다. 이 별명은 조카가 5살 때 할아버지 성격이 불같다고 붙인
것인데 딱 맞는 별칭이었다. 아버지의 다양한 모습이 두드러져
보이도록 하얀 접시를 선택하였다. 아버지가 표현하는 다양한
감정을 7가지로 각각 나눠서 접시 위에 배분해 보았다. 이것은
변화무쌍한 아버지의 표정을 표현한 것이다. 어떤 감정이 튀어
나올지 몰라 가족은 늘 긴장하고 아버지 눈치를 살폈다. 그 와
중에도 나는 내 마음대로 아버지에게 대들고 응석을 마음껏 부
렸다. 아버지가 없는 지금, 내 응석받아준 아버지가 그립고 그
립다. 세상의 누가 이런 나를 그대로 받아줄까? 17면조 마저 그
리워하는 내 마음을 표현한 작품이다.

〈변형 : 보호막을 잃다〉

이 작품을 본 동료들은 거꾸로 보니 다양한 결실들이 열리는 상상의 나무로서 누군가에게 강인한 풍요로움을 크게 주고 기여할 것 같은 나무이며, 인류멸망에 대비한 종자 보관소로서 접시의 순백색이 어떤 생명의 근원을 보관하고 핵폭탄이나 기후변화에도 이곳은 안전하고 잘 보존되어 있다고 하는 피드백을 주었다. 나는 몰랐다. 아버지가 나를 특별히 대하셨다는 것은 까맣게 잊고 아버지의 부당한 처사에만 초점을 두었다. 어머니와 언니를 힘들게 하는 아버지만을 기억했다. 아버지가 나를 특별하게 대해 주었던 그 기억들 가운데 아버지의 사랑은 여전히 내 가슴에 살아 있었다. 지금은 만날 수 없는 아버지, 나에게 심리적 지붕이었던 아버지, 그 아버지를 잃은 내 가슴에 구멍이 뚫렸다. 그렇게 외면하고 미워했던 아버지에 대한 딱딱한 마음속에 아버지를 그리워하며 후회하고 슬퍼하고 있었다. 아버지라는 큰 지붕을 잃은 중년의 여자인 내 모습에서 아버지가 겪었을 외로움이 겹쳤다. 가슴이 시리다.

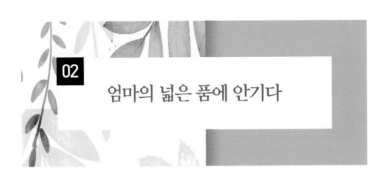

엄마의 넓은 품에 안기다

나는 가치 없는 사람, 귀하지 않은 사람이라는 틀 안에 나를 가두고 살았다. 내가 중학교 때 동네 아주머니와 엄마가 나눈 대화 중에 엄마의 '나는 아이들을 야단친 적 없다.' 라는 말을 듣고서 많이 서운했다. 나는 엄마의 야단이라도 받고 싶었다. 그렇게라도 엄마의 관심을 받고 싶었다. 엄마의 사랑 방식은 내게는 무관심과 방목으로 여겨졌다. 엄마는 새벽부터 시장을 다녀와서 아침 식사 장사를 시작으로 밤이 늦도록 식당에서 일하셨다. 때론 가게를 찾아온 손님들의 술안주를 만들기 위해 새벽까지 가게에서 일하는 경우가 많았다.

이런 바쁜 엄마에겐 셋째이자 딸인 나를 돌볼 여력이 없었다. 가을과 겨울에 생일이 모여 있던 가족들과는 동떨어져 여름이었던 내 생일을 엄마는 잘 잊었다. 그만큼 나는 자연스럽게 엄마의 관심에서 벗어나 있음을 받아들였다. 내 기억으로 결혼하기 전까지 생일상을 받은 것이 다섯 손가락 안에 들 정도였다. 미역국이 올라온 내 생일날을 가족들도 몰랐다. 언니나 오빠의 생일상을 먹기 전에 치성을 드리는 엄마의 모습이 부러웠다. 혼자만 알고 있었고 바보스럽게 내 생일이라고 먼저 말하지 못했다. 그러면서 챙김을 받지 못한 나는 스스로 귀하지 않다는 생각으로 굳어졌다. 그렇게 벽을 만들고 혼자 자연스럽게 고립되어갔다.

엄마는 오래된 지병으로 10년 정도 고생하다 돌아가셨다. 돌아가신 후에 불효로 끝까지 엄마를 보호해 주지 않은 나를 책망했다. 엄마가 돌아가시고 나서 직장을 오가는 1년의 출퇴근길 차 속에서 엄마의 품이 그리워 그렇게 울었다. 당연히 엄마는 그렇게 희생해야만, 그래야만 하는 줄 알았던 철없는 나였다. "엄마~ 그때의 엄마도 여린 여자임을 알았다면 가슴이 이렇게 찢어지지 않았을 텐데……. 하늘나라에서 아프지 마시고 편히 쉬세요. 그동안 너무 고생 많으셨고 수고하셨습니다. 처음이자 마지막으로 건네는 제 마음입니다. 엄마를 진심으로 존경하고 사랑합니다." 엄마를 가슴으로 품어보니 엄마는 한없이 넓고 푸른 눈부신 고요한 바다다.

〈엄마에게 바치는 선물〉

이 작품의 구성은 적채로 하늘을 날아다니는 배를 만들고 속에는 엄마가 좋아하시는 사과와 토마토로 채우고 리본 모양으로 옥수수를 맨 위에 올렸다. 그 배가 기울지 않게 그 바탕은 오이를 썰어 바닥의 테두리를 만들고 감사하고 사랑하는 마음을 가득 담아 보내는 의미로 하트모양의 새싹을 오이 주변을 둘렀다. 이 작품을 본 동료들은 하나하나 정성스럽게 다지고 쌓은 성 같고 다양하며 아름다운 천국으로 이 성에 있으면 행복하겠다고 하였고, 하울의 움직이는 성으로 구름에 띄워 둥둥 떠다니면서 어디든지 돌아다니며 선물을 전해 주지 않을까 싶고 접시 위의 하트가 배를 떠 올리겠다고 하였다. 내 마음을 잘 읽어 주는 것 같아 마음이 따듯해졌다.

〈변형 : 하늘에 닿은 선물〉

엄마에게 선물을 보내고 난 접시 위에 남은 자리가 황금빛으로 빛나고 있음이 눈에 들어 왔다. 엄마에게 정말 선물을 보낸 듯 엄마에게 잘 전달되었다고 여겨지면서 몸도 마음도 가벼워졌다. 하늘에 계신 엄마에게 정성스럽게 선물로 하나하나 쌓아 올리며 용서를 빌어본다. 불효자가 빈다고 다 들어주실 수 없음을 안다. 조금이라도 편안해지려는 바보 같은 내 마음인지도 모른다.

나는 이미 귀했다

내 출생에 대해 이야기하는 것은 나에게 들추어
보이기 싫은 아주 오래된 앨범과도 같다. 내가 이 세상에 온 날
을 생각하는 것만으로 내 마음에는 이미 저항 전선이 형성되어
거부반응이 강력하게 일어난다. 그것을 참고서 깊은 호흡 몇 번
을 반복하면서 명상으로 들어갔다. 명상 중에 떠오른 기억은 내
가 5살 때쯤의 사건이었다. 9남매 중 8번째 삼촌이 나에게 심부
름을 시켰다. 나는 '싫어요' 라고 대답을 했는데 몽둥이를 찾아
이리저리 다니는 삼촌을 보고 겁이 나서 도망을 갔었다. 몇 시
간 뒤에 삼촌에게 잡혀 대문 안쪽에서 몽둥이로 맞았다. 나는
살려달라고 울며불며 엄마와 아버지를 불렀다. 구해주지 않았
던 부모의 모습에서 사랑받거나 소중하다는 것을 잊게 만든 사
건이었기에, 부모를 원망하고 축복받지 못한 잉태라고 나는 그
렇게 생각했다. 그 순간에 몸이 저항을 일으키고 서러움과 원망

이 폭발하며 눈물과 울음이 멈추지 않았다. 그런 경험으로 인해 스스로 축복받지 않은 탄생이라고 생각했다. 그로 인해 더 위축되고 당당하지 못한 나 자신을 '내가 그렇지 뭐', '나는 필요 없는 사람', '내가 왜 태어났지!' 하면서 비하했다.

다시금 호흡과 함께 마음을 추스르며 명상을 이어가는 중 이번에는 엄마의 자궁 속으로 빨려 들어갔다. 양수의 따뜻한 온도에 몸이 나른해지며 열기가 발에서 위로 퍼져나가면서 온몸이 온기로 가득 찼다. 엄마의 뱃속에서 두 분의 대화가 들려왔다. "여보 나 임신했어." "그래? 선물이 왔구나 어떤 아이가 나올까? 건강하게 무럭무럭 커주렴~"하며 엄마의 배를 만지는 아버지의 손길이 느껴졌다. 두 볼을 타고 뜨거운 감동의 눈물이 흘렀다. 두 분께 너무 죄송하고 감사했다. 그 순간 내가 나의 뿌리 깊은 오류로 부모를 미워하고 있다는 것을 알게 되었다.

〈귀하다〉

작품을 완성하고 제목을 정하지 못한 채 작품을 한참이나 보았다. 얼마나 지났을까 마치 작품이 나에게 '귀하다. 너는 귀하다'고 말해주고 있다는 것을 발견하였다. 그 순간 주체할 수 없는 눈물이 흘렀다. 그 눈물은 '너는 있는 그대로 이미 귀한 존재다.'라는 것을 나 자신에게 알려 주는 마음의 소리였다. 몸의 저항이 완전히 멈추고 뜨거움이 가슴에서 다시 일어나 온몸으로 번져나가며 뜨거워졌다. 처음 눈물은 지금 있는 이 공간에서 사랑받지 못한 서글프고 서러움의 눈물이었다면 지금의 눈물은 감사의 눈물, 사랑받는 자의 눈물이었다. 저항하지 않는 나를 들여다보니 마음이 굉장히 편안하다. 달걀을 나로 나타내고 나뭇잎으로 보호해 주고 싶었다. 주위는 견과류와 마카로니를 담고 손이 가는 대로 놓았다.

이 작품을 본 동료들은 우주에서 의미 있는 별이 탄생하는 것처럼 보인다고 하였고, 암흑 같은 태양계에 사람이 사는 하나의 행성, 지구 같은 느낌이라고 하였다. 내가 웅장한 존재가 된 느낌이 더해졌다. 이 경험을 한 하루는 나에게 특별한 하루였다. 내가 귀하고 소중하며 중요하다는 것을 돌에 새긴 하루였다. 그 느낌은 이날 하루 종일 나와 함께 있었다. 이날 하루는 정말 행복했다.

〈변형 : 부화, 틀을 깨다〉

04 가온; 온도를 높이다

가온은 '온도를 높이다.' 라는 사전적 의미와 순 우리말 '한가운데' 라는 뜻을 포함한다. 집안 대소사의 모든 일의 중심에 내가 들어가 있었다. 나는 나를 가온이라고 부른다. 남편이 나를 소개할 때 "우리 집안의 온도를 높인 사람입니다." 라고 말해줄 때는 인정받는 느낌이 들어서 너무나 좋다. 남편에게 인정받는 것을 가장 크게 생각하는 나는 늘 남편을 향해 시선이 가 있다. 그를 위해 애교를 부리고 다정하게 장난치고 30년이 된 부부 사이지만 이러한 노력과 행동이 지속적인 애정의 원천이라고 나는 생각한다. 나 스스로가 주눅이 들고 자신감 없고 위축되어있는 나를 토닥이며 성장하도록 가장 많이 지지해주고 응원해주는 남편은 영원한 내 편이다.

〈가온〉과 〈온기〉라는 작품은 차가운 느낌의 회색 접시를 선택하고 가운데 촛불을 두고 주변을 번지는 빛으로 표현한 것이고,

변형작품의 팽이버섯은 은은함을 따듯하게 뿜어내는 것을 표현한 것이다.

〈가온〉

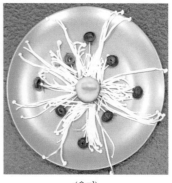
〈온기〉

이 작품을 본 동료들은 가운데 하트 모양이 열쇠 같아 왠지 돌리면 뭔가 열릴 것 같고 새로운 관문으로 들어갈 것 같고 새로운 게 펼쳐질 것 같다며 사랑을 가진 열쇠라고 하였고, 접시 위에 놓인 것이 9개라며 9를 넘어가는 숫자가 10이고 완전성에 대한 마지막 단계가 9라는 수이고, 9는 충만, 만족, 온전한 상태, 삼라만상에 다 연결된 지점이며, 가운데 크기가 훨씬 압도적으로 크기는 하지만 접시의 색깔이 중심을 느끼도록 해줘서 안정감이 든다고 하였다. 그중에 번져나가는, 즐거운, 폭죽 터지는, 사랑의 열쇠라는 말이 마음에 들었다. 특히 하트 모양의 열쇠가 열리며 새롭게 펼쳐질 것 같다는 말에 나에게 좋은 일이

생길 것 같은 기대감이 들었고 이미 내 안에 충만, 만족, 온전함
은 들어있는 것 같았다. '그것을 그대로 보셨구나' 하는 느낌에
감사했다.

05 나를 돌봄으로 깨달은 나의 고귀함

나는 나를 돌보는 것이 부끄럽고 사치스러운 일이라고 여겼다. 내 주변을 보살피고 돌보는 것이 오히려 더 편안하고, 돌아오는 긍정적 표현들로부터 내가 뭔가를 하는 사람처럼 느껴져 기쁨을 주었다. 그래서일까 '나에게 필요한 것은 무엇일까?', '나를 돌봐 주는 사람은 누가 있지?' 이런 생각을 할 틈이 없었다. 주변을 불편하게 하지 않기 위해 주변을 두루 살피고 상대의 분위기를 살피는 눈치가 발달 되었지만 진작 나를 위한 것에는 관심을 뒤로 미루어두었다.

작품을 만들면서 가지로 하트를 붙이려고 해도 붙여지지 않았다. 자꾸 벌어지는 작품을 보고 나를 돌보고 챙기는 것에 아직 많이 서툴다는 것을 다시 한번 깨달았다. 마늘쫑을 갈라서 처음엔 화살표를 바깥으로 두었는데 나를 챙기지 않고 바깥으로 향하는 내가 보여 마음에 들지 않았다. 반대로 나를 향해 들어오도록 돌려놓으니 한결 마음이 편안해졌다. 의도적으로 나를 먼저 챙기는 의미의 작은 행동을 시작했다. 이런 나도 마음이 편해진다.

〈돌봄〉

이 작품을 본 동료들은 펼쳐진 세상 가운데 자신을 보호하고 따듯하게 감싸며 부드러운 다채로움에 쌓여있다고 평가하며 세상의 중심이 되는 느낌이 든다고 하였다. 세상의 중심이 된다는 말과 존재감과 에너지가 퍼진다는 말이 마음에 들었다. 타인을 먼저 살피고 보살피는 나를 위한 보상처럼 지금의 나를 치유해 주는 것 같았다.

이것은 나를 먼저 돌보는 행동을 할 수 있는 힘이 될 것이다. 나는 늘 모든 상황의 중심에 있었지만 알아차리지 못했다. 작품을 통해 중심에 서 있는 나의 모습을 보는 듯해서 뿌듯했다. 스스로를 챙길 수 있을 것 같은 자신감도 생겼다.

내가 선택한 것을 모두 기꺼이 받아들이기 시작하니 마음도 몸도 열리기 시작했다. 나를 돌보 것을 선택하는 순간부터 그동안 당당하지 못했던 나를 내려놓을 수 있다는 것을 알게 된 것이다.

당신은 왜 여기에 있는가?

우주의 신성한 의도와 목적을 펼치기 위함이다.

당신이 그토록 소중한 존재인 까닭이

바로 여기에 있다.

-에크하르트 톨레의 지금 이 순간을 살아라(2008) 중에서-

보호막으로 소중히 다루다

결혼은 나에게 새로운 출발이고 시작점이다. 드디어 나의 것이 생겼다. 어린 나이 시골에서 시집와 고생하면서 남편과 가족을 돌보셨던 엄마의 희생을 보고 자랐던 나는 가족을 위해 그렇게 하는 것을 당연하게 받아들였다. 그러면서도 각박하고 거친 부모의 부부생활을 보면서 나는 결혼을 하면 부모님과 다르게 알콩달콩 살아갈 것이라는 꿈을 갖고 있었다. 내가 보호받지 못했던 어린 시절과는 다르게 내 아이는 잘 품어주고 안아주면서 안전한 보호막을 만들어줘야지 하면서 말이다.

나는 나의 삶에 새로운 역사를 쓰기 위해 결혼생활과 시댁의 맏며느리로서 시댁 문화에 적응하려했다. 20대 초반의 나이인 나에겐 쉽지 않았다. 요리며, 청소며, 새벽에 오는 청소차를 마중 나가고, 막내 도련님의 도시락 싸는 일 등 집안일들도 내게는 생소한 일이었다. 시부모님의 인정을 받고 그 가족의 한 사람이 되는 것이 중요했던 나는 힘들어도 견디며 그 일들을 묵묵히 했었다. 그사이에 새 생명이 선물로 왔다. 눈에 넣어도 아프지 않다는 말을 이해하기 시작했고 무럭무럭 자라는 두 아이를 키우면서 더 보람을 느꼈다. 지금도 두 아이는 나의 비타민이다. 나를 돌보기보단 자식의 진로를 돕고 우리 가족의 좀 더 나은 살림살이를 위해 직장을 가졌고 자식을 위해 어떤 것이든 더 해주고 싶은 마음에 힘듦도 잊었다. 두 아이가 어떻게 느끼고 생각할지는 가늠하기 어렵지만 나는 두 아이의 엄마로서 아이들이 나의 품 안에서 보호받는 느낌을 간직하고 잘 자라주길 바라며 나름으로 애를 썼다.

〈새롭게 나를 꽃피우다〉

이 작품은 결혼을 시작으로 30대 후반까지를 표현한 것이다. 이 시절에 대한 나의 중요한 주제는 흐름 타기, 충만, 기쁨이다.

시집살이에 적응하기 위한 새 보금자리는 치커리로 똬리를 만들고 자주색 꽃으로 나를 표현했고 나의 분신 첫 딸과 둘째 아들을 위로 순서대로 적양파로 놓고 빨강 피망으로 보호막을 표현했다.

이 작품을 본 동료들은 세상에 없을 것 같은 보라색 꽃이 고귀한 느낌이고 용궁 같다고 하였고, 씨 하나가 위에서부터 아래로 들어가는 소중하고 귀한 느낌이며, 태국 불교사원이 생각나면서 천수관음보살의 자비롭고 성스러움과 고귀한 느낌이 든다고 하였다.

나는 사랑하는 사람과의 결혼생활이 행복하다고 생각했다. 과거의 힘든 것을 잊어버리고 긍정적 경험만을 기억하며 살았다. 두 번의 출산 경험에 충만함이 들었고 세상을 다 가진 것 같았고 아이들이 자라며 주는 기쁨과 보람이 컸다는 것을 알아차렸다. 그때의 충만함이 온몸으로 느껴졌고 미소가 떠올랐다. 다시 작품을 보는 순간 자신을 돌보지 않아 건강하지 않은 현재의 모습에 울컥해서 눈물을 흘렸다.

07

소소한 참 아름다움을 깨닫다

〈영글어가다〉

나의 40대부터 지금까지의 내 삶을 표현하는 단어는 감사, 아름다움, 차오름이다. 이 시기에 나는 크고 작은 수술을 4번이나 했고 아들의 유전병과 대수술도 있었던 시기였다. 너무나 힘들었지만 내가 살아 있는 것만으로 감사하고 삶의 아름다움을 깨달았다. 50대가 된 지금은 비워진 그릇에서 다시 차오르고 영글어가는 것을 표현했다. 누구나 자신에게 맞는 그릇이 있듯이 나에게 맞는 그릇을 새롭게 한다는 의미로 부드러운 두부와 적양파를 그릇으로 표현하였고 그 안에 담은 다양한 색의 채소로 새로운 것을 채우고 영글어가는 나를 표현했다.

작품을 하기 전에 심장이 쿵쾅거려 심장이 튀어나올 것 같았다. 의료사고로 힘들었던 경험을 몸이 기억하고 심장이 거칠게 반응을 보이는 것 같았다. 심장을 호흡으로도 진정시키기 어려웠다. 다시 삶을 시작하는 그때 알게 되었다. 소소함의 기쁨이 무엇인지 세상이 얼마나 아름다운지 들풀도 어느 하나 소중하지 않은 게 없었다. 잊고 살았던 소중함을 깨닫게 된 시기였다. 작품에 집중하면서 쿵쾅거림이 차분해졌다.

이 작품을 본 동료들은 집안에서 가운데 불을 올려놓고 음식을 나눠 먹는 온기와 신성함이 느껴진다, 중심을 잡고 지켜내고 싶다, 영원히 지속되어야 할 것으로 보인다고 하였고, 고대 유물, 오래된 유적에 쓰인 재단처럼 보이는데 삶에서도 이 재단처럼 큰 희생이 있어야만 염원이 이루어질 것 같고, 소망이 이루어지도록 기원하는 재단, 간절함, 영원히 있어야 할 것 같은 그런 느낌이라고 하였다. 나는 큰 희생이 있어야만 염원이 이루어진다는 말이 가슴에 꽂혔다. 그 힘든 삶의 터널을 지나온 지금은 그런 나 자신이 대견하고 고마웠다. 작품이 나에게 정말 수고했다고 말해주는 느낌을 받았다. 고마운 인연이다.

08

가온으로 이미 살고 있었던 나

〈가슴과의 연결〉

이 작품은 나와 현재 가족을 표현한 것이다. 닮은 식구들을 자주색 꽃으로 표현하고 올리브로 주변에 연결된 가족들을 표현하고 싶었다. 둥글게 앉은 모습과 드나들 수 있게 열어 둔 표현으로 파인애플을 선택했다. 이야기꽃을 피운다는 의미로 주황색 꽃 한 송이를 키위 위에 두어 추가로 표현하였다. 가운데는 키위이다. 식탁에 모여들어 꽃피우는 이야기를 나눈다는 것을 표현하였다. 자주색 꽃은 네 식구와 오른쪽에는 프랑스에 있는 사위를 기다리고 환영한다는 의미로 파인애플을 문처럼 활짝 열어 두었다. 주변은 시댁, 친정 식구들 그리고 조카들을 올리브와 청포도로 주변에 둘렀고 파인애플 틈새를 열어 두어 언제든 왔다 갔다 할 수 있게 해 두었다.

이 작품을 본 동료들은 세상에서 가장 예쁜 물고기 같다고 하였다. 세상에 존재하지 않는 모습의 물고기라고 하며 잎이 지느러미 같고 물고기가 유유자적하게 수영하는 모습 같다고 하였다. 그리고 명품으로 보이는데 평범함을 거부하는 나만의 명품으로 보인다고 하였다. 아들이 내 생일 선물로 사준 명품 가방에 이어서 내 인생의 두 번째 명품을 받는 느낌이 들어서 좋았다.

〈변형 : 어우러지다〉

나는 그동안 표현한 작품 중에, 현 가족 작품 활동하면서 마음이 가장 편안하고 신났다. 고난과 역경을 다 지낸 현재가 흡족하고 행복하다. 잘 이겨낸 자신이 뿌듯하고 대견하다는 생각에 나의 표정이 상기되었다. 나는 내가 늘 가장 바깥 언저리에 있는 줄 알고 있었다. 이 작품을 만들며 내가 주인공으로 살고 있다는 것과 내 가정에서도 이미 주인으로 살고 있었다는 것을 가슴으로 느꼈다. 이런 나를 소중하게 지켜야 할 이유는 분명했다. 나를 사랑하고 아껴주는 일이 왜 필요한지도 명확해졌다. 나를 위해, 그리고 내가 사랑하는 남편과 두 아이, 가족을 위해 더욱 나를 잘 돌보고 사랑하고 아끼는 내가 되는 것을 허용할 것이다.

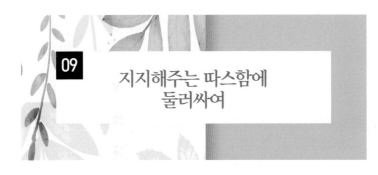

지지해주는 따스함에
둘러싸여

〈특별한 위로와 감사〉

이 작품은 지금-여기에서 느끼는 나를 표현한 것

이다. 키위는 나를, 귤은 손을 안으로 뻗는 모습을, 토마토는 사

랑의 언어를 담은 말로, 청포도는 테두리를 만들어 공간에서 서

로 하나로 연결되어 감싸는 기운으로 표현해 보았다.

작품을 바라보니 조화롭고 평화로운 삶의 여정에 들어 있는 듯한 모습이다. 마치 주위의 지지를 받으며 둘러싸인 모습으로 보였다. 지지해주고 지지받는 일이 많았음을 그리고 나 혼자가 아닌 여럿이 함께하면 앞으로의 힘든 일도 잘 넘어갈 것 같다는 생각이 들었다. 지금까지 잘 살아온 나도 기특하고 대견하다. 정말 애썼다. 영원한 내 친구는 내 자신임을 알았기에 홀로 설수 있는 용기도 내 안에 있기에 힘들고 견디기 힘들어도 모든 열쇠는 내가 쥐고 있으니 왠지 든든하다.

사랑의 언어로 인정해주고 지지해주는 분들의 칭찬에 가슴 벅찬 감동과 감사로 뜨거운 눈물을 흘렸다. 몸은 든든한 갑옷을 입은 것처럼 천하무적이 된 듯하다. 50을 넘겼으나 앞으로 나의 모습이 기대된다. 기대라는 단어에 가슴이 설레고 몽글몽글해지는 느낌이 들어 입가에 미소가 번진다. 수고했다.

이 작품을 본 동료들은 훈장 같아 보이는데 탁월한 일을 해냈기에 받을 만하다고 하였고, 셀 위 댄스의 한 장면 같고 푸른 초원에서 사람들이 다 함께 춤추는 모습이라고 하였고, 맑고 깨끗함이 느껴진다고 하였다. 나는 훈장 같다는 말이 마음에 들었다.

내가 잘 살았다고 보상으로 주는 인생의 훈장을 받는 것 같아

너무 기뻤고 가슴 뿌듯함이 느껴졌다.

Epilogue
에필로그

푸드 작품을 하면서 과거를 뒤돌아보며 긍정적인 것을 발견하는 것이 기뻤다. 과거의 상처를 아픔으로 채웠다면 이젠 사랑으로 바라보려는 달라진 나의 시선이다. 의도적으로 타인이 아닌 나에게 시선을 둔다. 타인에게 향했던 나의 시선이 나에게 돌아오기까지 50년이 걸렸다.

주눅 들지 않고 천진하고 자신감 있는 어린아이와 같이 '좋으면 좋다.', '싫으면 싫다.' 라고 의사를 드러내는 나를 반긴다. 시선이 자유로워 요즘은 눈치가 없어졌다는 소리도 듣는다. 그래도 이런 내가 좋다. 주변을 의식하지 않을 순 없지만, 주변을 향한 내 시선이 자유롭게 들고나는 것을 아는 지금의 내가 좋다. 나를 지키기 위해 그동안 타인의 시선에 애써 맞추어 온 나를 알기에 작품을 하는 내내 주체할 수 없는 울음을 터트렸다.

이제 이런 나를 사랑하고 품어 주고 허용해 주고 나에게 친절을 베풀고 있다. 이것이 내가 나에게 주는 선물이고 보상이고 훈장이다. 가온, 수고 많았다.

달의 명상

완전해야만 빛나는 것은 아니다.

너는 너의 안에 언제나 빛날 수 있는 너를 가지고 있다.

겉으로 보이는 너보다 더 큰 너를

달을 보라

완전하지 않을 때에도 매 순간 빛나는 달을

–류시화의 꽃샘바람에 흔들린다면 너는 꽃(2020) 중에서 –

〈품다〉

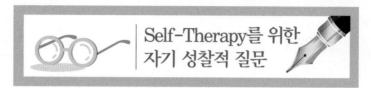

1. 기적이 일어나 내 과거의 아픈 기억 중에서 한 가지 바꿀 수 있는 기회가 주어진다면 무엇을 바꾸고 싶은가요?

   가. 바꾸고 싶은 것은 무엇인가요?

   나. 만일 바뀌었다면 앞으로의 자신의 인생은 어떨 것 같나요?

   ----

2. 가족들에게 다가가는 마음의 속도는 몇 km/h입니까?

   가. 마음의 속도가 가장 빠르게 가는 가족은 누구입니까? 그 이유는?

   나. 마음의 속도가 가장 느리게 가는 가족은 누구입니까? 그 이유는?

   ----

3. 어릴 때부터 현재의 나에 이르기까지 나 자신에게 꼭 들려주고

싶은 말은 무엇인가요?

가. 그 말은 무엇인가요?

나. 그 말을 들은 지금의 기분은 어떠한가요?

다. 자신에게 그 말을 자주 해줄 필요를 느끼는가요?

----

4. 자녀를 키우면서 행복했던 추억을 한 가지만 들려준다면 어떤

이야기를 들려주고 싶은가요?

----

5. 내가 가진 재능 중 딱 한 가지 자녀들에게 대물림해 주고 싶은

게 있다면 무엇인가요? 그 이유는?

Contents
차례

박소희(별칭 : 니나노)

- 산업상담 석사
- 사회복지사 2급
- 푸드표현상담사 2급
- 파츠테라피 퍼실리테이터
- 한국에니어그램협회 교육강사 2급
- 한국에니어그램상담학회 전문상담사 2급
- 상담학습전문공동체 '왕자와 공주' 18기
- heuiyha@daum.net

제2장

니, 뭐꼬? 길 떠나는
니나노입니더~

박소희

산업상담 석사

Prologue
프롤로그

이 세상에는 위대한 진실이 하나 있어.

무언가를 온 마음을 다해 원한다면,

반드시 그렇게 된다는 거야.

무언가를 바라는 마음은 곧 우주의 마음으로부터

비롯된 때문이지.

그리고 그것을 실현하는 것이 이 땅에서

자네가 맡은 임무라네.

– 파울로 코엘료의 '연금술사' 중에서 –

난 늘 어딘가로 길을 떠나고 있었나보다. 굳이 작정하고 떠나겠다고 생각하지 않더라도 그동안 크고 작은 여정을 위해 잠시 쉬었다가 짐을 꾸리고 다시 길 떠나기를 무심히 반복했을지도 모를 일이다. 어쩌면 내가 이 지구상에 존재를 드러냈던 순간부터 나만의 순례는 시작되었고, 나의 인지 여부를 떠나서 늘 길 위에 있었던 것이 분명해 보인다. 지금 나는 순례의 여정 중에 잠시 뒤돌아서서 나의 순례길 위에서 만났던 것들을 차례로 음미하는 시간을 가져보려 한다.

〈하나의 본질이 다양한 변신을 꿈꾸다〉

나침반의 바늘이 잠시 혼돈 속에 있다가도 바늘 끝이 언제나 다시 북쪽을 향해 되돌아가듯이, 내 안의 중심만 제대로 확인된다면 흔들리더라도 꿋꿋이 나만의 순례길을 온전히 갈 수 있을 거라 믿는다. 나의 본질은 하나이고, 다만 상황이 바뀔 때마다 적절히 나를 변신해간다면 어떤 고비를 마주하더라도 온전히 나를 지키면서 기꺼이 온몸으로 그 혼돈을 받아 낼 수 있으리라 믿는다. 잠시 나를 뒤돌아보는 시간도 온전히 내 모습을 만나는 또 하나의 작은 여정이다. 지금 그 길을 떠나기 위해서, 숨 고르기를 한번 하고 순례길에 올랐던 나 자신을 조심스럽게 조명해 보려고 한다.

이제 순례의 여정 속에서, 지나온 길의 추억 속 나와 현재의 길 위에 선 나를 연결 지어 본다. 길 위에 있던 나의 이미지를 상상해 본다. 호모 루덴스(Homo Ludens), '놀이하는 인간'을 의미하는 단어가 문득 뇌리에 스친다. 네덜란드의 문화사학자 J. 하위징아가 그의 저서에서 처음 언급했던 개념인데, 고달파도 웃고 해학이 넘쳤던 한국인이 바로 호모 루덴스의 전형적인 모습이라는 생각을 가끔 했다. 좀 더 우리에게 일상적으로 친숙한 단어로 연결해보니, 거칠 것 없이 스스로 흥에 겨워 춤추는 모습과 함께 '니나노'라는 단어가 자연스럽게 연상되었다. 신기하게도 입속으로 '니나노'를 한번 웅얼거릴 때마다 저절로 어깨춤과 함께 '널리리야'가 머릿속에 떠오른다. 이렇게 나는 '호모 루덴스' 이면서 '니나노' 라는 별칭이 생긴 셈이다.

역설적으로, 추억 속 나의 모습은 사실 내성적이고 너무도 얌전한 아이였다. 하지만 나의 내면에서는 주변의 시선으로부터 자유로우면서도 유쾌한 삶을 살고 싶은 마음이 간절했던 모양이다. 사람은 늘 살아보지 않았던 삶을 꿈꾼다고 했던가? 과거의 나는 원칙주의적인 삶과 자신만의 프레임 안에 사는 것에 더 익숙한 모습이었다. 돌이켜보면, 그 원칙과 틀이 때로는 편안함을 주고 안정감을 주기도 했었다. 이제 그 원칙과 틀을 벗어나서 자유로운 삶을 살았으면 좋겠다는 바람을 갖는다. 누구나 현재의 삶을 사는 사람들은 각자 자신의 순례길 한가운데에서 막 걸음을 떼는 진행형의 모습일 수밖에 없다. 그 현재의 한 걸음이 과거와 미래를 연결하는 순간이라 믿으며, 그 연결지점에서 조용히 나를 음미해본다.

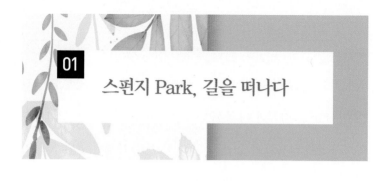

01

스펀지 Park, 길을 떠나다

다들 다른 사람에게 영향을 미치고,

그 다른 사람은 그 옆의 사람에게 영향을 주고,

세상에 사연들이 가득하지만 그 이야기들은 결국 하나인 것을.

– 미치 앨봄의 '천국에서 만난 다섯 사람' 중에서 –

노란 사각 몸매에 로우 벨트의 네모바지를 입었던 '스펀지 밥'은 내게 굉장히 인상적이었다. 1999년도에 첫선을 보였던 애니메이션 '스펀지 밥'은 4세대까지 버전업되어 상영될 만큼, 그야말로 전 세계적으로 선풍적 인기를 끌었다. 바닷속 도시인 비키니 시티(Bikini City)에서 벌어지는 시트콤 형식의 코미디 애니메이션이었던 것으로 기억한다. 지금 생각해보면 재미도 있었지만, 시선을 끌 만한 충분한 요소들이 많았다.

불가사리 뚱이, 오징어 징징이, 꽃게리아 레스토랑의 집게사장, 주인공인 스펀지 밥도 해양생물인 해면이니까, 바닷속 생물들이 주축을 이루는 내용이다. 그중에서도 스펀지 밥은 해면의 특성상 자르는 건 물론이고 체로 걸러버려도 살아남는 생명력을 자랑한다. 심지어 몸 내부가 해체되는 상황에서도 멀쩡하게 살아있기도 하고, 치즈 가는 기계에 몸의 대부분이 갈려도 말을 할 정도인지라 사실상 불사인 셈이다. 스펀지 밥의 그 끈질긴 생명력도 놀랍지만, 사실 내게는 스펀지 밥이 순식간에 주위의 물을 빨아들이거나 몸을 풍선처럼 만들 수도 있는 스펀지 속성을 가진 것에 더 초점이 맞춰져 있다. 어쩌면 스펀지의 속성이 내가 살아오면서 나름 지향하는 삶의 모습이었기 때문에 더욱 관심이 갔던 것으로 생각한다.

내 삶의 지향점은 내 순례 여정에서 어떻게 살 것인가에 중요한 의미를 가진다. 속도보다 방향이라고 했던가. 스펀지는 그렇게 내 삶의 방향과 맞닿아 있는 셈이다. 그렇기에 너무도 자연스럽게 푸드 표현 상담 목표를 정할 때, '스펀지처럼 흡수하고 수용하기'가 떠올랐다. 초심을 잃지 않고 마지막 회기까지 겸손한 마음으로, '스펀지 밥'처럼 상담 교육 내용을 최대한 흡수하고 다른 사람들의 의견을 항상 수용하는 자세이고자 한다. 제대로 목표에 도달하기 위해서, 구체적인 행동 강령도 함께 생각해 보게 된다.

① 가슴 깊이 경청하기 ② 입장 바꿔 생각해보기 ③ 기존의 틀과 다르게 접근하기 ④ 매 순간에 집중하기 ⑤ 나와 타인이 다름을 인정하기 등으로 정해두면 좀 더 실천적인 행동으로 이어질 수 있지 않을까 스스로 마음을 다져본다.

이렇게 목표를 설정하고 구체적인 행동들을 정리해두는 작업은 내게 중요한 의미를 준다. 칠흑 같은 어두운 밤을 항해하는 배에 나아갈 방향을 제시해주는 소중한 등대가 되어주기 때문이다. 또한 나의 긴 순례 여정에서 이정표가 되어 매 순간 나 자신을 점검하고 추스르는 중심이 되어 줄 것이라 믿는다. 목표 지점을 정하고 목표에 도달하기 위해 힘겨운 한 걸음을 뗐던 시간이 있기에, 마지막 목적지에 도착했을 때의 모습을 상상해보는 것은 너무도 유쾌한 일이다. 이 유쾌함을 푸드 작품에도 고스란히 담고 싶었다.

나의 최애 '스펀지 밥'을 '스펀지 박(Park)'으로 변신시켜서, 저절로 환호성을 지르면서 목청껏 만세를 부르는 모습을 떠올려본다. 나의 입도, 눈도, 팔도 가만히 있을 수 없다. 두 팔을 활짝

〈나만의 꼭지점을 만나다〉

벌리고 온몸으로 하늘에서 내려오는 기운을 마음껏 받아들이는 모습을 자연스럽게 상상해본다. 이 소중한 상상의 순간은 어느 새 원하는 최종 목표에 도달하여 기뻐하고 환호하는 '스펀지 밥'의 모습과 나의 모습을 오버랩 시켜버린다. 상상하는 것만으로도 벌써 목적지에 다다르는 느낌이 들었고, 회기 과정들이 유의미한 결과가 되길 소망하는 마음이 푸드 작품에 드러났다. 놓칠세라, 응원의 메시지도 함께 보내본다. "스펀지 박(Park), 그대는 그동안 충분히 잘해왔고, 앞으로도 더 잘해 낼 거야."

푸드 작품에 대한 피드백으로는, 커다란 입술이 먼저 보였는데 '스펀지 Park'이 가지는 말의 힘이 느껴진다. 산 정상에서 야호~ 외치는 모습이 벅참과 시원함과 뿌듯함을 느끼게 해준다. 바위 위에서 자유를 외치면서 바다에 뛰어드는 모습이 연상된다고 하였다. 그중에서, 만능 팔을 가진 가제트처럼 대단한 능력을 갖춘 '스펀지 Park'이라는 느낌이 든다는 피드백은 나의 존재감에 대한 인정을 받는 것 같아 뿌듯함이 느껴졌다.

🪲 한 단락 셀프 저널

희야는 자신만의 프레임으로 세상을 바라보았던 과거에서 벗어나고자 늘 고민 속에 빠져있다. 어떻게 하면 타인과 교감하면서도 자기 내면에서 일어나는 변화에 더욱 집중할 수 있을까 생각한다. 이제 그 고민은 여린 싹을 틔우며 조심스럽게 드러나게 될 것이다.

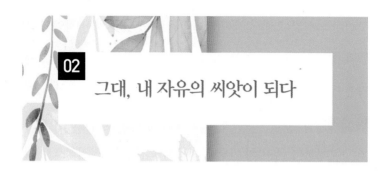

02 그대, 내 자유의 씨앗이 되다

사람은 누구를 막론하고 자기 자신 안에 하나의

세계를 가지고 있다.

그것은 아득한 과거와 영원한 미래를 함께 지니고 있는

신비로운 세계다.

홀로 있지 않더라도 사람은 누구나 그 마음의

밑바닥에서는 고독한 존재다.

그 고독과 신비로운 세계가 하나가 되도록

거듭거듭 안으로 살피라.

\- 법정 스님의 '무소유의 행복' 중에서 -

　　　　　내 어찌 그대를 잊을 수 있을까? 아버지를 떠올

리면, 저절로 눈을 감게 되고 아련한 느낌이 전해져 온다. 이미

고인이 되신지 오랜 시간이 흘러서일 수도 있고, 아버지와의 추억과 공감이 내게 특별한 의미가 있기 때문일 수도 있다. 그는 나란 생명의 시작이요, 이 우주에서의 첫 태동으로 나를 있게 한 존재이다. 그렇기에, 내 순례의 근원적 출발 지점은 아버지임이 분명하다. 우리의 만남은 서로에게 감정적, 정서적으로 영향을 많이 줬던 것 같다. 아버지는 나에게 나는 아버지에게 각자 고단하고 외로운 삶의 여정에 남다른 의미로 다가갔다.

가족 중에서, 나는 아버지의 식성을 가장 많이 닮았다. 식성이 닮으면 성격도 비슷하다고 했던가. 게다가 아버지의 눈, 코, 입을 가장 많이 닮기도 했다. 닮아서 나를 좀 더 살갑게 생각하신 건지, 셋째 딸의 어설픈 애교가 마음에 들어서인지, 정서적으로 좀 더 가까웠다는 느낌이 남아있다. 내가 한참을 자란 후에도, 아버지가 집안에서 차츰 외로운 존재로 되어갈수록 오히려 더욱 정서적으로 밀착되어 있었다는 생각이 든다. 아버지께서 당신만의 성(城)에 갇혀 계실 때도 가장 지근거리에서 지켜보고 바라봤던 나로서는 정서적으로 많은 영향을 받았다.

푸드 작품을 위해 아버지의 모습을 그려본다. 살아계셨다면 아흔을 바라보시는 나이인데, 비록 대학을 중간에 그만둘 수밖에

〈물고기가 물을 만나지 못하다〉　　　〈진정한 자유인으로 거듭나다〉

없었지만 나름 학식과 명석함이 남다르셨다. 하지만 아버지를 떠올리면 물을 만나지 못한 물고기가 생각난다. 학문적 소양과 능력을 가지셨지만, 마치 육지에서는 제대로 현실감각을 발휘할 수 없는 물고기처럼 현실과 동떨어진 이방인이 되어 힘겨운 숨쉬기를 하셨다. 주변인에게는 늘 땅에 발을 딛지 못한 몽상가처럼 보였고, 가까운 가족에게는 생계를 책임지지 못한 가장의 모습이었다.

지금도 아버지를 떠올리면, 나에게 다정했던 연인이지만 남모를 눈물을 많이 흘리게 했던 야속한 연인처럼 애증(愛憎)이 함께 공존하는 '추억 속의 그대'이다. 나의 추억 속 그대는 스스로 그물에 갇힌 채, 순식간에 육지에서의 물고기로 변하여 힘겨운 숨을 내쉬는 모습으로 그려졌다. 상상만 해도 숨이 턱턱 막히고 가슴이 답답해져 온다. 얼마나 홀로 힘겹고 고단한 시간을 보내셨을까. 순간, 연민과 그리움이 뒤범벅되어 나를 덮친다. 가족들에게 무능한 가장으로 낙인찍혔던 시간들이 늘어날수록, 나에게는 아버지에 대한 연민과 애착이 상대적으로 더 커졌던 것 같다. 끝까지 의리를 지키는 동맹자처럼 그렇게 마지막까지 애정의 끈을 놓지 않았다. 비록 가족의 생계를 제대로 책임지지 못하셨던 아버지의 모습이지만, 내 마음속에는 자신의 가진 것을 나눠주는 인간애의 표상으로 더욱 깊이 각인되어 있다.

오래되고 빛바랜 사진첩을 꺼내 들 듯, 아버지의 모습들을 다시 조심스럽게 떠올려 본다. 늘 혼자서 많은 생각과 함께 다양한 사업 구상을 하셨지만, 계속되는 사업 실패로 힘겨운 시간을 보내셨던 모습으로 내게 남아있다. 이제는 훨훨 털어버리고 진정한 자유인이 되길 바라는 마음이 간절하다. 그래서 그토록 지겹게 괴롭혔던 사업 구상과 많은 생각의 잔재들을 물고기가 통쾌하게 모두 삼켜버리는 모습을 푸드 작품으로 표현하고 싶었다. 오히려 도망치지 않고 맞서서 수용해버림으로써 물속이든 육지이든 진정한 자유를 얻는 모습을 염원하는 나의 마음을 담아보고자 했다. 많은 사람이 마음의 감옥에 갇혀있으면서도 그것을 알아차리지 못한다고 말했던 가족치료 선구자인 버지니아 사티

어의 말이 생각난다. 푸드 접시의 어지러운 무늬처럼 복잡다단한 시대에 홀로 힘겹게 세상과 맞서다 보니, 자신을 단단하고 견고한 마음의 감옥으로 가둬버린 것이 아닌가 생각해 본다. 지금 이 순간, 나는 아버지, 그대의 편이었음을 그리고 지금 그대를 무척 그리워하고 있음을 온 마음을 다해 전하고 싶어졌다.

푸드 작품에 대한 피드백으로는, 물고기를 기자들이 인터뷰하는 모습 같다, 물고기 나라에서 물고기는 침묵하길 원하는 느낌이 전해진다고 하였다. 그중에서, 물고기가 눈을 감고 침묵 속에서 현실에 대한 깊은 고민에 잠겨 있으면서, 주변의 시선에 고단함을 느끼는 모습이 연상된다는 피드백은 아버지에 대한 쓸쓸함이 전해졌다. 하지만 변형된 작품에 대한 피드백에서는, 물고기가 다른 세상을 만나 유유히 자기 세계를 느끼고 있는 듯 보여서, 오히려 자유롭고 발랄하고 재미있게 보인다는 의견을 듣다 보니, 아버지에 대한 따뜻한 감정이 어느새 부드럽게 나를 감싸는 느낌이 들었다.

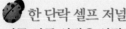 한 단락 셀프 저널
너무 아픈 사랑은 사랑이 아니라는 생각 때문에, 희야는 오로지 가슴 깊숙이 추억을 묻어뒀었다. 하지만 이제야 조심스럽

게 끄집어내 보고 싶은 용기가 생긴 모양이다. 희야는 자신만의 그대를 생각하며, 추억이 깊어지는 만큼 사랑도 깊었음을 비로소 알게 된다.

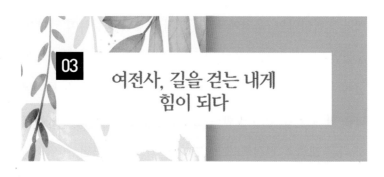

03 여전사, 길을 걷는 내게 힘이 되다

이 지상에 나만이 해야 할 일이 있다는 그 무게가

오늘도 나를 걷게 하는 힘인 것을…….

– 박노해의 '걷는 독서' 중에서 –

　　　어린 나에게 당당한 여전사의 모습으로 비친 어머니는 존경스러운 영웅, 그 자체였다. 나로서는 영웅에게 충성해야 함이 마땅했다. 그렇기에 그 누구보다도 여전사의 충성스러운 부하가 되고 싶기도 했다. '되도록 얌전하게, 더욱 성실하게'를 속으로 외치며 여전사를 조금이라도 덜 힘들게 하려고 애썼던 것 같다. 왜냐하면, 여전사였던 어머니는 집에 남겨진 우리에게 있어서 삶의 중심축이었고, 우리가 삶을 살아낼 수 있도록 하는 에너지 공급원이었기 때문이다.

게다가 어머니는 '육지에서의 물고기' 처럼 현실감각이 전혀 없으셨던 아버지를 대신하여, 엄청난 괴력을 발휘하며 삶의 최전선에서 연승을 거두며 승전보를 울리셨던 여전사이셨다. 어머니는 땅에 발을 딛지 못한 이상주의자이셨던 아버지와는 완전히 다른 모습의 현실주의자이셨다. 운명의 장난처럼, 아버지의 사업 계획이 계속 경제적 손실을 가져올수록 어머니가 벌인 일들은 아버지의 경제적 손실을 만회할 뿐만 아니라 집안의 중심축으로 자리매김하는데 한몫을 더 하게끔 해줬다. 하지만 아버지의 자존심은 수면 아래로 가라앉았다가 한 번씩 예기치 못하게 불쑥 튀어 올라왔고, 기세등등한 여전사와 맞장 뜨기를 주저하지 않으셨다.

지금 이순간, 여전사 어머니와 전직 대통령 중에서 장기 집권했던 독재자의 모습이 오버랩 되어 떠오른다. 엄청난 비리와 독재의 상징이지만 여전히 많은 사람이 그를 그리워하고 영웅시하는 경향을 보인다. 그가 남긴 경제 성장의 업적 앞에서는 그 모든 부정적인 일들이 무력화되는 그런 상황이 충분히 이해된다. 배고프고 가난한 시절에는 먹고 사는 것을 해결해주는 사람이 절대자가 되고, 그 절대자는 영웅이 되어 나머지 과오들마저 조건 없이 용서받게 되는 상황 말이다. 마치 나의 어머니도 그러하듯, 가족의 생계를 책임지며 집안 경제를 일으켜 세운 영웅으로 등극하셨다.

가끔 나는 어머니와 관련된 감정과 정서를 만날 때, 의외로 양면성을 갖게 되는 참으로 묘한 관계라고 느끼곤 했다. 나처럼 여전사에 대한 자발적이고 조건 없는 충성자도 없었을 텐데, 나의 이 양가감정은 어디에서 출발하는 것이었을까? 그것은 내 나이 쉰을 넘기고서, 문득문득 자신에게 되묻는 질문 속에서 드러나곤 했다. 나의 슬픔의 근원은 무엇이었는지, 나의 불안의 근원은 무엇이었는지, 나의 수치심의 근원은 무엇이었는지, 이러한 물음들을 자신에게 던질 때 어설피 느껴져 왔다. 하지만 현재에도 여전히 이러한 질문에 대해 회피하고 부정하면서 실체와 직면하기를 두려워하고 있다.

사실, 여전사는 나를 세상 밖으로 나오게 하고 내 삶의 여정에서 길 위를 걸을 수 있도록 많은 힘이 되어 주었다. 이것은 부인할 수 없는 사실이다. 다른 형제들과의 비교를 떠나, 그저 나의 삶에 있어서 감사의 대상임이 분명하다. 하지만 나의 양가감정은 '감사'를 그대로 인정하지 않으려는 데서 출발하는 듯하다. 원인은 알 수 없으나 더한 '죄책감'을 낳는 악순환을 가져다주었고, 나에게 던져지는 근원적인 질문들을 마주할 때면 답을 찾는 일이 더욱 오리무중이 되어 가곤 했다. 이러한 나의 양가감정이 푸드 작품으로 표현될 때, 어떠한 감정선으로 드러나는지 호기심이 생겼고, 무척이나 궁금해졌다.

〈여전사, 삶 앞에 당당하다〉

푸드 작품에는, 남편을 큰아들이라고 지칭하면서 늘 돌봐야 한다고 생각하셨던 어머니 입장이 고스란히 드러났다. 삶의 투쟁에서 획득한 어머니의 경제력이 자연스럽게 화려한 왕관과 아우라를 만들어 내었고, 동질의 큰 토마토임에도 자식들처럼 혜택받는 입장의 아버지가 보인다. 그리고 높낮이가 있는 방울토마토들 사이에서 가장 나이가 어리지만, 당당히 맨 앞자리에서 높게 도드라진 아들의 모습도 보인다. 자식 중에 맨 꼴찌인 나는 그렇게 아버지의 바로 옆자리를 지키고 있다.

푸드 작품에서 보여주는 상황이 갑자기 해학처럼 느껴졌다. 나도 모르게 속마음을 들켜버려서, 그 죄책감을 우스꽝스럽다고 치부해버리면서 가볍게 흘려보내고 싶은 것일까? 분명히 한번은 정면 돌파하여, 직면해야 한다는 것을 안다. 그래서 이 희뿌연 안개 같은 양가감정을 선명하게 마주해야 한다. 어머니는 여전사답게 씩씩하게 삶의 현장을 헤쳐 나가셨고, 자식에 대한 애정과 노력은 자타가 공인할 만큼 모범이셨던 것은 분명하다. 하지만 3녀 1남의 자식 중에 아들을 향한 편애와 많은 관심은 시간이 지나면서, 가끔은 나에게 상대적 박탈감으로 느껴지곤 했다. 이 상대적 박탈감이 양가감정을 만들어내고, 서운함과 감사함이 뒤범벅되어 나를 혼란에 빠뜨렸음을 직감하게 된다. 하지만 배고프고 가난했던 시절이었기에, 먹고 사는 것을 해결했던 여전사에 대한 '감사'와 비록 차별과 불평등의 상황이었지만 나름으로 그것이 최선이었음에 대한 '이해'를 인정하는 것부터 시작해야 할 일이다. 더불어, 대놓고 여전사에게 충성을 다짐했던 나의 본질적 '선함'을 나 스스로 오롯이 '수용'함으로써 상대적 박탈감에서 완전히 자유로워지길 기대한다.

푸드 작품에 대한 피드백으로는, 잠수함에서 어뢰 4개를 연쇄적으로 발사하여 자신의 영토를 끝까지 지키려는 느낌이 든다. 멋진 휴양지의 섬과 연결된 작은 리조트들 같아 보인다고 하였다. 그중에서, 피에로처럼 화려한 옷을 입었지만 외로운 광대의 우울한 모습이 보인다는 피드백은 나의 양가감정을 고스란히 드러낸 표현이라는 생각이 들었다.

 한 단락 셀프 저널

희야도 이제 엄마가 되고 보니 존경과 연민의 감정들이 휘몰아쳐 온다. 과연 그 상황에서 여전사처럼 당당히 어려움을 헤쳐 나가고 이겨낼 수 있을까? 존재만으로도 버팀목이 된다는 것은 어떤 의미일까? 꼬리를 무는 생각들에 잠시 혼란스러워한다.

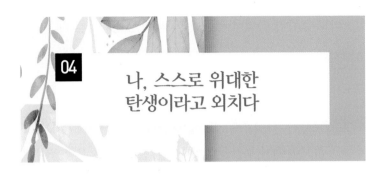

04 나, 스스로 위대한 탄생이라고 외치다

자신이 우주 가운데 가장 소중하고 특별한 존재라는

사실을 안다는 것은,

그 자체로 거룩하고 숭고한 기쁨이다.

– 루이즈 하트의 '오늘이 좋은 이유 365' 중에서 –

내가 어렸을 때는 나이가 60이 다 되어 가면 할머니라고 생각했었다. 순간, 나도 모르게 피식 웃음이 새어 나온다. 지금 내가 태어났던 때를 찾기 위해 55년을 더 넘긴 시간까지 한참 거슬러 올라가야 함을 발견하게 됐으니 말이다. 그 시기는 모두 먹고살기 어려운 시기여서, 저마다의 태어난 이야기들 속에는 슬프거나 외면당한 사연들이 제법 많다. 그러한 '탄생 비화'를 스스로 '탄생 신화'로 승화시키는 일은 그 어떤 일보다도 소중하고 의미 있는 일이 되지 않을까 생각해 본다. 그 까닭은 바로 나 자신이 우주 가운데에 가장 소중하며 특별하고도 유일한 존재이기 때문이다.

하지만 어렸을 때, 우리의 뇌리에 얄밉게 똬리를 튼 서운한 얘기들은 좀처럼 쉽게 우리를 놓아주지 않는다. 작은 유리 조각에 살짝 베인 듯했는데도 어느새 상처가 덧나고 제법 딱지가 앉은 아픈 생채기의 흔적으로 남겨져 있다. 이 아픈 생채기들은 다양한 사연들로 스토리텔링 되면서, 하나의 명백한 서사처럼 전해지곤 한다. 딸 부잣집에 마지막 딸로 태어난 자신은 태어나는 것 자체가 죄악시되는 상황이었다고 말하기도 하고, 엄마 뱃속에서 사라질 뻔한 운명에 처하기도 했었다고도 전해진다. 그러니 자라면서 집안 어른들로부터 받았을 차가운 눈초리들은 말해 무엇 하랴.

자신의 탄생을 부정하는 다양한 이야기들 속에서, 우리가 모두 이렇게 꿋꿋이 살아오고 당당히 서 있는 것을 보면 인간 승리에 가깝다. 그래서 우리는 서로에게 '여기까지 그동안 잘 살아왔다'고 위로하기에 바쁘고, 그 작은 위로의 말에 왈칵 울음을 쏟아내곤 한다. 우리의 이 연약한 마음에 생겨났던 크고 작은 숱한 생채기들이 이렇게 몸이 성장한 지금에도 트라우마가 되어 영향을 미치고 있으니, 어찌 지난 일이라며 덮어두기만 할 수 있을까.

우리는 특별대우를 받고자 하는 것이 아니었다. 다만 나의 존재 자체를 부정하거나 거부당하고 싶지 않았을 뿐이다. 그저 이 세상에 고개를 드밀고 나온 것만이라도 인정받고 싶었던 것이다. 우리 대부분은 보통의 삶을 살아간다. 그 보통의 스펙트럼을 조금 넓히면 모두가 그 범주에 들어가는 평범한 존재이다. 또한 이 우주 가운데 유일한 존재이기에 특별한 존재이기도 하다. 남들이 인정해주지 않는 나의 존재성이라면 이제 더 이상 타인에게 목매달지 말고, 스스로 나의 존재를 인정하는 일부터 시작하는 것은 분명 의미 있다. 이제라도 내가 태어났던 이야기는 '탄생 비화'가 아니라 '탄생 신화'였다고 당당히 외쳐보는 것이다.

〈하늘과 땅의 축복 속에 태어나다〉

〈나, 하늘과 땅과 하나 되다〉

푸드 작품으로 표현하는 작업 과정에서, 나의 태어남이 이 우주의 자연 만물들과 함께 기뻐하는 일이었음을 스스로 확인하는 순간을 경험하게 된다. 박씨 집안의 셋째 딸로 태어난 나는, 시조 박혁거세의 '탄생 신화'에 버금가는 알에서의 부화를 상상해보기도 한다. 하늘에서는 우주가 기뻐하는 황금비가 내리고, 땅에서는 풍요를 상징하는 다양한 종류의 곡식과 식물 모두가 새 생명의 탄생을 축복하는 모습이 떠올랐다. 변형작품에서는 내가 더 멋진 도약을 꿈꿀 수 있도록, 축복을 내렸던 하늘의 빛나는 태양과 풍요로운 땅의 곡식들이 나와 온전히 하나가 되어주었다. 세상으로 나아가 스스로 당당히 설 수 있도록 아낌없는 지원군이 되어준 것이 바로 온 우주 전체였음을 다시금 깨닫게 된다. 그렇기에 우리들 탄생에 작은 생채기를 냈던 사람들의 차가운 시선도 더 이상 상처가 되지 않을 것이다. 내가 나의 존재를 인정해주는 것이 바로 나 자신을 사랑하는 것과 관통하고 있음을 알게 된다. 이제, 나 그리고 우리는 모두 그리고 나는, 지금 이 순간 이 자리에 더 이상 움츠리지 않고 당당히 서게 될 것이다. 그리고 '자신이 우주 가운데 가장 소중하고 특별한 존재라는 사실을 안다는 것은 그 자체로 거룩하고 숭고한 기쁨'이라는 사실을 두 팔 벌려 온몸으로 받아들이게 될 것이다.

푸드 작품에 대한 피드백으로는, 연꽃이나 연못에 사는 화려한 수련의 모습에 그 외의 나머지들은 기가 죽은 모습처럼 느껴진다, 햇볕을 한껏 받고 있는 꽃처럼 보인다, 우주선이 아래로 떨어지는 모습처럼 느껴지고, 갈라진 아래로 떨어지면 땅 밑에 뭔가가 더 존재할 것 같은 상상을 하게 된다고 하였다. 그중에서, 여왕이 화려한 숄을 걸치고 행진하는 모습을 군중들이 보면서 환호하는 느낌이 든다는 피드백은 '나의 탄생 신화'를 표현하고자 했던 마음이 푸드 작품을 보는 이에게도 고스란히 전해졌음을 알 수 있었다.

 한 단락 셀프 저널

희야는 이 지구상에 태어난 모든 사람들이 각자 저마다의 목적을 이루기 위해 왔다고 가끔 혼잣말을 하곤 한다. 희야는 모두가 귀한 존재이기에 그들의 탄생 역시 귀하고 환영받아 마땅하다고 생각한다. 문득 밤하늘을 바라보며 존재에 대해 깊은 생각에 빠져 있던 희야는 혼자만의 즐거운 상상을 만끽하며 살포시 미소를 짓는다.

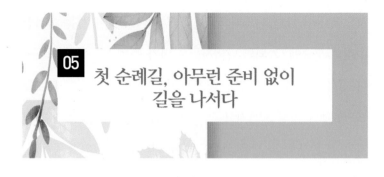

05 첫 순례길, 아무런 준비 없이
길을 나서다

당신의 삶 전체의 여행이 궁극적으로는,

이 순간에 내딛는 발걸음으로 이루어져 있다.

언제나 이 한 걸음만이 존재하며, 이 한 걸음이 가장 중요하다.

– 에크하르트 톨레의 '지금 이 순간을 살아라' 중에서 –

나의 어린 시절에 대한 감정은 '햇살내리 쬐는 따듯함' 이다. 경제적으로는 롤러코스터를 타듯 따듯함과 차가움이 번갈아 찾아오던 불안정한 시기였지만 내게는 따듯함의 기운이 더 많이 남아 있다. 분명 힘든 시간도 많았을 텐데, 주저없이 따듯한 추억으로 다가오는 것은 나의 '순종' 이 한몫했을 것으로 추측된다. 내가 대학에 들어가면서 집을 떠나게 된 것이 그나마 자유를 알게 했던 소심한 저항이었을 뿐, 나는 대체로 조용하고 순종적인 모습으로 자랐다. 존경해마지 않는 여전사인 어머니가 바깥 경제활동을 하는 데 조금이라도 도움이 되고자, 알아서 집안 살림을 도맡아 하는 충실한 손발이 되기로 자처했으니 말이다. 어머니가 평소에도 말씀하시듯 제일 손이 안 가고 신경이 덜 쓰였다는 나는, 말 그대로 사춘기가 없는 얌전이로 자랐다.

〈성장1기, 우리들만의 잔치를 즐기다〉　　　〈성장2기, 격변과 혼란이 공존하다〉

어린 시절을 푸드로 표현하는 과정은 행복을 되새김질하는 시간 같아서 따듯함에 빠져들게 했다. 나의 성장 1기는 솜씨 좋은 작은 언니의 주도하에 맛있는 것들을 제법 이것저것 만들어 먹었던 추억이 많다. 어느 날은 만두를 만들어 먹기도 하고, 또 어느 날은 도넛과 꽈배기를 튀겨먹기도 했다. 그중에서도 작은 언니의 주특기는 호떡 만들기였다. 나도 따라 해보다가 누더기처럼 덕지덕지 조각이 덧붙여진 호떡이 되기 일쑤였다. 그래도 한 입 베어 먹었을 때의 그 톡 터지는 달짝지근한 설탕물이 마냥 행복감을 더해줬으니, 참으로 따듯한 추억임에는 분명하다. 작은 언니는 만들기에만 특화되어 있었던 모양인지, 뭔가를 만들어 먹을 때마다 치우는 것은 늘 뒷전이었다. 그런 상황을 몸에 밴 듯 자연스럽게 수습하고 뒷정리하는 건 언제나 나였다. 대장 노릇 하던 큰언니와 자유분방한 작은언니 아래에서 뒷정리와 설거지는 평소에도 내 몫이었다. 생각해보면 조금은 억울할 만도 할 텐데, 그때의 따듯한 기억을 떠올리는 것만으로도 충분히 행복한 보상을 받은 기분이 든다. 지금도 덕지덕지 누더기를 기운 호떡만 봐도 절로 웃음이 나온다. 신김치랑 갖은 야채를 넣은 만두소가 삐져나온 것도 정겹다. 만들어 먹으면서 웃음꽃을 피웠던 얘기들과 아련한 추억들이 지금의 나에게로 뚜벅뚜벅 걸어 나오고 있다. 기꺼이 옛 추억들을 두 팔 벌려 하나씩 다정하게 안아주고 싶다. 그렇게 우리들만의 잔치는 언제나 즐거움과 따듯함이 함께 했다.

나의 성장 2기는 격변과 혼란이 공존하는 시기라 할 수 있다. 하지만 워낙 어려서부터 순종적으로 길들었기 때문인지, 그저 말로써 소심한 저항과 반항을 표현했던 모습이 푸드 작품 표현에서도 고스란히 드러났다. 크게 행동으로 보여주지도 못하는 답답함을 가슴에 담고서, 그저 외부로 터뜨리고 다시 자기 안으로 삼키는 것을 반복했던 시절이었다. 그것마저도 저항과 반항의 모습을 외부로 표출하는 것이 4할이었다면, 오히려 외부로부터 영향받고 안으로 움츠러들었던 상황이 6할이었다. 결국, 순종과 순응도 답답하고 저항과 반항 역시도 답답하게만 느껴졌던 나의 성장 2기인 셈이다. 나는 지금 그때의 시기를 푸드 작품을 통해, 진중하고도 깊은 상념에 빠져 물끄러미 바라보고 있다.

나의 성장기 시절 전반에 걸친 순종적이고 상황에 순응하는 삶은 어머니께 직접적으로 도움이 되고자 했던 것인데, 정작 어머니 곁을 떠나게 됐음에도 계속됐다. 그 이유는 어머니께서 가장 소중히 여기셨던 하나뿐인 아들의 생활을 챙겨주는 누나로서의 역할이 주어졌기 때문이었다. 갓 고등학생이 된 남동생과 둘이서 자취생활을 한다는 것은 여전히 살림살이를 도맡아 해야 하는 상황을 벗어나지 못하게 했다. 하지만 이미 내 안에서는 혼란스러운 저항이 조금씩 시작된 것임이 분명했다. 공대생이었던 나는 인문대학의 철학과 수업을 수강하거나 청강하는 시간이 늘어났고, 근원적인 의문 속으로 시도 때도 없이 빠져들기도 하면서 마구 바람에 흔들리는 시간을 보냈다. 나름의 혼란과 격변의 시기였기에 때로는 타인에 대해 저항과 반항으로 나를 표현하거나 혼자만의 칩거를 즐기기도 했다. 따뜻함과 외로움이 공존하던 시기, 순종과 저항이 공존하던 시기, 슬픔과 안온함이 공존하던 시기, 이 모든 시기가 내게는 어쩌면 당연히 거쳐 와야 했던 시간이었을지도 모른다. 그렇기에 이제는 나의 과거에 있었던 모든 것을 그대로 인정하고 수용하는 것만이 나에게 주어진 과제로 남아 있을 뿐이다. 물끄러미 바라보던 나의 시선은 어느새 좀 더 부드러우면서도 강단 있는 모습으로 변하고 있다. 성장 1기의 푸드 작품에 대한 피드백으로는, 터진 만두가 신랑과 신부처럼 보이고, 결혼식 날에 사람들이 모여서 화목하고 왁자지껄한 모습을 보여주는 것 같다, 가족들이 모두 모여 함께 맛있는 것을 만들어 먹었던 추억이 떠오른다고 하였다. 그중에서, 사각 접시의 외곽에 그려진 무늬와 접시 위의 다섯 개 덩어리로부터 각자 화려함이 느껴지면서도 고독과 공허함이 느껴졌다는 피드백은 나의 어린 시절에 혼자만의 시간을 즐겼던 나의 성격이 푸드 작품에서도 드러났음을 알 수 있었다. 성장 2기의 푸드 작품에 대한 피드백으로는, 커다란 산에서 산의 기운이 뿜어져 나오는 느낌이 든다, 하와이 댄서들의 신나고 역동적인 느껌이 전해진다, 초등학교 운동회에서 박이 터지면서 만국기가 나오는 느낌이 들어서 신나고 재미있어 보인다고 하였다. 그중에서, 엄마의 젖가슴이 연상되면서 엄마가 아이에게 전해주는 사랑이 느껴졌다는 피드백은 엄마로 인한 내재한 나의 양가감정을 끌어냄으로써 격변과 혼란의 공존을 실감하게 하였다.

 한 단락 셀프 저널
희야는 혼란과 격변 속에서 저항하고 반항하는 모습이 스스로 거북스럽게 느껴졌는데, 저항과 반항의 모습 또한 성장을 위해 필요한 과정이었음을 알게 된다. 그 모든 과거와 현재의 모습들이 시간의 흐름 속에서, 그저 자연스럽게 흘러가는 중이라 생각해본다.

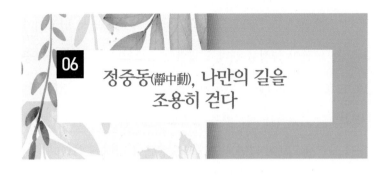

06 정중동(靜中動), 나만의 길을 조용히 걷다

'나는 누구인가'를 탐구해야만 마음이 가라앉는다.

마음을 끊임없이 내면으로 향하게 하여 참나 안에 머물게

하는 것이 자기탐구이다.

– 라마나 마하리쉬의 '불멸의 의식' 중에서 –

나의 어린 시절 '순종'은 나이가 들어가면서 '순응'으로 바뀌었다. 물이 돌멩이를 만나면 돌아서 가고, 웅덩이를 만나면 채우고 저절로 넘어가듯, 물 흐르듯이 그렇게 천천히 흘러가고 싶었다. 하지만 나는 바라는 바와 다르게만 살아져 갔다. 마른 통나무가 물 위에 떠있듯 삶의 실상에 나를 맡기며 사는 중도를 꿈꾸었다. 하지만 여전히 엄청난 내적 회오리 속에서 정신을 차리지 못하며 괴로워했다. 역설적으로, 나의 겉모습은

반복적인 일상생활의 패턴 속에서 너무도 단조로웠다. 대학 시절에 열렬히 흠모했던 철학적인 삶은 온데간데없이 사라져 버렸다. 오로지 생존을 위한 삶의 터전을 마련하느라 바빴고, 눈으로 확인되는 형이하학적인 것들이 목표가 되고 수단이 되었다. 어쩌면 나란 존재가 처음부터 지극히 단순한 성향의 사람이었는지도 모른다는 생각으로 자신을 단죄하기도 하고, 상황이 나를 환경에 순응하도록 했을 뿐이라고 자위하기도 했다. 그저 생활의 안정을 위해 주어진 상황과 환경에 순응하면서 반복적인 일상만을 지속하는 삶이 계속됐다.

이렇게 순응하는 삶을 살다가도 때로는 내면의 강렬한 소리가 끊임없이 휘몰아쳐 나오는 일이 있다 보니, 안과 밖의 불일치 속에 사는 느낌이었다. 마치 사우나 하는 동안에 열린 땀구멍을 통해 노폐물들이 거침없이 쏟아져 나오듯, 내면의 뭔가가 어느 임계점에서 마구 터져 나올 것만 같았다. 그래서일까? 안에서 용솟음치고 있던 감정들이 자연스럽게 흘러나오도록 진심으로 나의 세포 구멍을 조심스럽게 하나씩 열고 싶어졌다. 그 통로가 그림이기도 하고, 종교이기도 하고, 영적 서적이기도 하고, 봉사 활동이기도 하고, 그야말로 다양하게 드러났다. 그리고 보면 그저 단순한 순응만은 아니었나 보다. 저절로 정중동(靜中動)이라는 말이 떠오른다.

〈정중동(靜中動) 속에 휩싸이다〉

반복되는 일상 속에서도, 어딘가를 향해 나아가려는 에너지와 내면에서 끊임없이 울려 나왔던 작지만 강렬한 주파수가 자꾸만 거대한 파장을 일으키며 커졌다. 이 거대한 파장이 점점 커지면서 역동성 있는 모습으로 어느새 변하곤 했는데, 이 역시 푸드 작품에 고스란히 표현되어 졌다. 푸드 작품을 보고 있노라니, 주파수로 표현된 양파의 점증적인 모양이 나의 심장으로 돌진하여 들어오면서 충격파를 던져주는 느낌이 든다. 더 나아가 나의 심장을 거기에 실어서 먼 우주로 발사해버리고 싶을 만큼 내적 에너지가 충만했던 시기였음이 분명해 보인다. 하지만 나에게 시련이 많았던 시기이기도 하다. 마치 하늘의 운명처럼 여겨졌던 '그림 그리기'는 내적 에너지를 제대로 쏟아내지도 못한 채 접을 수밖에 없었다. 이제는 뒤도 돌아보지 않은 지 15년이 훌쩍 넘었다. 그렇게 펼치고 접었던 관심 분야들을 통해서 아픈 통한만 더 쌓여갔다. 내 삶의 순례길에서 남들 눈치 보지 않고 나만의 길을 야무지게 걸었다고 생각했는데, 돌이켜보니 내가 걸었던 흔적은 지그재그를 그리고 있었다. 이 또한 나의 어린 시절의 성장기처럼 어쩌면 당연히 거쳐 와야 했던 시행착오의 시간이었을까. 뼈저리게 후회되는 사건들이 점점이 박혀 있는 나의 그 흔적들을 생각하며 밤새 목놓아 울었던 적도 많다. 필요악처럼 당연히 치를 수밖에 없는 통과의례라 할지라도 좀처럼 쉽게 정리되지 않는 가슴 아픈 사건들이 많은 시기였다. 죽음을 앞둔 어느 노인의 이야기가 이런 나에게 새삼 위로를 던져준다. '내가 만약 인생을 다시 산다면, 그때는 더 많은 실수를 저지르고, 긴장을 풀고 몸을 부드럽게 하리라. 내가 만약 인생을 다시 살 수만 있다면, 지난번 살았던 인생보다 더 우둔하게 살리라. 되도록 심각해지지 않고 좀 더 즐거운 기회들을 잡으리라……' 마치 뼈아픈 후회의 사건들을 되씹으며 힘들어하는 나의 뒤통수를 제대로 후려치는 말이다. 사실, 돌이켜보면 감사한 일도 많다. 나의 부족함을 확인하는 시간이기에 힘들고 괴로운 시간이었지만 더 이상 쓰러지지 않게 버팀목이 되어준 고마운 가족과 주변인들이 있었음을 알게 된 시간이기도 하다.

이 모든 과정을 거쳐 왔던 나는, 이제 나만의 길을 조용히 걷고자 한다. 나의 본질에 다가가고, 마음을 끊임없이 내면으로 향하게 하는 자기 탐구를 통하여 참나 안에 머물고자 한다. 남들이 만들어 놓은 틀에 순응하면서도 내적으로는 엄청나게 요동쳤던 과거의 정중동(靜中動)이 아니라, 진정한 고요 속에 편안한 움직임을 갖는 현재의 정중동(靜中動)으로 살고 싶다. 또한 이 모든 삶의 과정들은 다른 사람들과 함께하고 서로 나눔으로써 더욱 빛난다는 것을 안다. 그런 모습으로 살고자 하는 나를, 내가 기꺼이 응원하려 한다.

푸드 작품에 대한 피드백으로는, 높은 산 위의 신전으로 인간이 하늘을 향해 쏘아 올린 활 모양처럼 보여서 도전적이기도 하고 신전의 축복과 풍요가 함께 느껴진다, 파프리카의 끝부분이 잠수함의 잠망경처럼 밖을 둘러보면서 부지런히 탐색하는 것 같다, 바닷가에서 멀리 음파 신공을 날리는데 그 메시지가 강렬해서 곧 원하는 목표를 달성하는 좋은 일이 일어날 것 같다고 하였다. 그중에서, 주파수가 멀리 퍼져나가는 것 같아서 강렬한 역동감이 느껴진다는 피드백은 나의 성장 3기의 정중동(靜中動)을 다시금 느끼게 해주었다.

한 단락 셀프 저널

희야는 삶은 과거도 미래도 아닌 현재라는 것에 동의한다. 하지만, 가장 에너지가 왕성한 시기에 현재보다 미래에 훨씬 초점을 맞추고 살았다는 것을 지나고 나서야 알게 된다. 가장 충실한 삶이란 오롯이 현재에 머무는 것이라는 것을 다시금 처절하게 일깨운다.

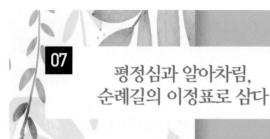

평정심과 알아차림,
순례길의 이정표로 삼다

평정심과 알아차림은 마음의 정화로 이끌어 간다.

알아차리고 있으나 평정심이 부족하다면, 감각을 알아차릴수록 그것에 대해 예민해지고 더욱 반응하게 된다. 따라서 고통은 증가하게 된다.

반대로 평정하지만 몸의 감각에 대해 아무것도 모른다면, 그 평정은 마음속 깊은 곳에서 무지의 상태로 계속 진행되는 반응을 숨기고 있는, 그저 겉으로 드러나는 것에 불과하다.

– S. N. 고엔카의 '위빳사나 명상' 중에서 –

　　현재의 나는 넓이보다는 깊이를 사랑하는 듯하다. 인간관계도 사물에 대한 시각도 감당할 수 있는 넓이의 범위 안에서 그 깊이를 도모하려 한다. 비록 기억력이 떨어지고 순발력도 줄어들었지만 나는 지금의 내가 좋다. 내 생각과 행동이 다소 느려지는 상황이라서 안쓰럽기도 하지만, 오히려 정신적으로 진화해가는 느낌이 나에게는 더한 만족감을 주기 때문이다. 현재의 나는 살아야 할 시간보다 살아온 시간이 더 많은 시점에 와 있는 것은 사실이다. 하지만 나이 드는 것이 그다지 두렵게만 느껴지지 않는다. 그래서일까? 가끔 이런 말이 저절로 나오곤 한다. '나의 희망 사항은 지혜롭고 멋진 할머니가 되는 거다.' 라고. 이제 남은 순례의 이정표는 분명해졌고, 나는 그 이정표를 바라보면서 그냥 걸어가기만 하면 되는 것이다.

문득, 1999년도에 개봉된 오래된 영화 한 편이 생각난다. 매트릭스(The Matrix)라는 영화인데, 지속적인 사랑과 관심을 받아서인지 2021년도에는 시리즈 4가 개봉되기도 했다. 나 역시 기회가 되면 다시 보게 되는 영화 중의 하나일 만큼 매력적인 SF영화다. 1편에서, 모피어스가 주인공 네오(Neo)에게 빨간 약과 파란 약을 내밀고서는 선택하도록 하는 장면이 나온다. 이 장면을 보면서 언제나 선택의 연속인 우리의 삶을 떠올리게 된다. 파란 약을 먹고 현재 보이는 대로 믿고 그냥 살 것인지, 아니면 빨간 약을 먹고 매트릭스 세계의 진실을 확인하려 끝까지 가볼 것인지. 이제 나는 과감하게 빨간 약을 선택했던 네오의 심정이 되어 보기로 한다. 이 영화를 제작했던 워쇼스키 형제가 또 다른 과감한 선택으로 워쇼스키 자매가 된 일화를 보면, 선택은 또 다른 경험을 하게 하는 시작점이다. 하지만 나는 망설이다가 늘 상황에 떠밀려 주어진 대로 살거나 나의 의지가 결여된 수동적인 모습을 보였다.

사실, 매트릭스 세계는 허상이다. 모피어스가 네오에게 말했듯이 매트릭스가 너무도 생생한 모습으로 우리를 사로잡기 때문에 진실을 보지 못할 뿐이라고 한다. 한마디로, 진실을 보지 못하도록 눈을 가리는 세계가 매트릭스이며, 바로 우리가 살아가는 일상 자체가 바로 매트릭스라는 얘기다. 일찍이 부처(Buddha)가 설파하셨던 미망(迷妄)에 끄달려 자신 안의 부처를 만나지 못했다는 말씀과 일맥상통한다. 굳이 양자 물리학의 관찰자 시점을 자세히 논하지 않더라도, 과학과 종교가 모두 현재 우리가 사는 세상은 바로 우리 각자의 의식이 스스로 만들어낸 현상계라고 말하고 있지 않은가. 나는 오늘도 비록 내가 만들어 낸 나의 매트릭스에서 살지만, 그 속에 주어지는 메시지들을 주목하려 한다. 때로는 내가 받아들이고 감당하기 어려운 메시지가 나의 가까운 지인으로부터 전해져 올 때, 나는 여지없이 도망치기에 바빴다. 난 그런 나의 나약함을 인정하고 다시금 메신저(Messenger)들을 감사함으로 맞이하고자 한다. 매트릭스의 오라클은 네오에게 '선택은 이미 됐다. 다만 그 선택을 한 이유를 알아내야 한다.'는 말도 함께 전한다. 마치 오라클이 나에게 전해주는 메시지같이 여겨진다.

용기 없음의 옳고 그름을 논하는 것이 아니라 그저 그동안 자발적 선택을 하지 못했다면, 이제는 과감히 빨간 약을 선택함으로써 새로운 세계를 경험할 필요가 있지 않을까 생각해본다. 매트릭스의 주인공 이름인 네오(Neo)는 새로운(new) 것을 의미하기도 한다. 나의 경우엔, 적당히 나이 든 이즈음이 새로운 사고의 전환점을 맞는데 적절한 시기가 아닌가 싶다. 그래서 나는 나의 이 나이 듦을 사랑한다. 이제, 새로운 전환점에서 평정심과 알아차림을 새로운 이정표로 삼고서 색다른 길을 선택하여 가고자 한다. 이제는 타인의 인정을 필요로 하지 않고, 그저 묵묵히 나의 스타일대로 한 걸음씩 가고 싶다. 그 걸음은 주변의 다양한 변화를 수용하면서도 나 자신을 정화해 가는 길 위에서 당당히 내딛게 될 것이다. 이러한 마음을 푸드 작품으로 표현했을 때에도, 고스란히 드러났다.

〈다양한 변화를 수용하다〉

바둑판처럼 고르게 평정된 두부의 표면 아래로 각종 야채의 다
양한 모습을 온몸으로 허용하고 받아들이는 모습이 푸드 작품
속에 자연스럽게 표현되었다. 어쩌면 예측불허의 다양한 변화
가 내게 다가오더라도 그것을 유연하게 수용했을 때, 평정심을
가진 본연의 모습은 그대로 유지되면서도 오히려 더 화려하게
빛난다는 것을 발견하게 되는 지점이었다. 두부와 야채의 푸드
재료를 하나씩 완성해가는 나의 손길에서, 자신의 본질을 만나
기 위해서는 새로운 선택과 변화의 수용이 중요함을 다시금 깨
닫는 체험도 한 셈이다.

푸드 작품에 대한 피드백으로는, 이집트의 피라미드를 쌓기 위
해 큰 돌을 옮기는 모습으로 보였으며 뭔가를 계속 쌓기만 하는
단순한 일인데 그 역시도 필요하다는 생각이 들었다. 고대의 오

래된 꽃게가 연상되어 신성함과 근접할 수 없는 기운이 느껴진다. 짜깁기에 능한 장인이 혼자서 마침내 뭔가를 해낸 듯한 느낌이 든다고 하였다. 그중에서, 거북선의 등판에서 불을 내뿜는 모습처럼 보여서 지키고 싶은 것을 굳건하게 지키려는 의지가 느껴진다는 피드백은 나의 어쩔 수 없는 성격적 특성도 있지만 늘 다양한 변화를 수용하려는 자세를 가지려는 나의 소망을 알아차린 것처럼 느껴졌다.

> ⬤ **한 단락 셀프 저널**
> 희야는 인생 2막 1장을 시작하는 연극처럼 새로운 변화를 느끼기 시작한다. 어차피 시간은 되돌릴 수도 없다. 이제 앞으로 나아가면서 변화를 만끽하고, 두 팔 벌려 온몸으로 기꺼이 맞이하는 장쾌함만이 그녀의 눈앞에 있을 뿐이다.

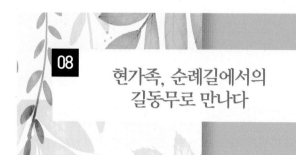

08 현가족, 순례길에서의 길동무로 만나다

내가 바라는 대로 되어야 한다는 생각을 놓아야 한다.

이 생각이 있는 한, 걸림 없는 자유는 누리지 못한다.

– 법륜 스님의 '깨달음' 중에서 –

　내가 바라는 모습을 당연한 목표로 설정해 두고 상대에게 은근히 강요하는 나를 스스로 감지할 때가 있다. 자기 생각과 아집을 내려놓지 못하고 애써 부여잡는 일은 가족 속에서 더 많이 일어난다. 사랑이라는 미명 아래에, 상대를 나의 목적과 나의 만족으로 채워 넣는 행위를 주저하지 않는 것이다. 특히, 부모는 자식에 대해서 자신이 바라는 대로 되어야 한다는 생각을 내려놓지 못하는 경우가 허다하며 그렇게 하는 것이 자식에게도 좋은 일이라는 잘못된 신념을 갖기도 한다. 결국에 잘

못된 신념임을 깨달았을 때는 이미 서로에게 많은 상처를 주었거나 뼈아픈 대가를 지불한 이후인 경우가 많다. 아무런 조건 없이 있는 그대로 그냥 사랑하는 것이 진정한 사랑이라는 것을 결국 비싼 대가를 치르고 나서야 비로소 깨닫게 되는 셈이다.

가족 치료에서 가족의 항상성에 대해 자주 언급한다. 항상성 (Homeostasis)은 체계가 하나의 구심점을 중심으로 역동적인 균형을 유지하고, 그것이 깨졌을 때 균형을 회복하려는 경향을 말한다. 한마디로, 원래 하던 대로 되돌아가려는 성질을 의미한다고 볼 수 있다. 나는 문득, 항상성을 뜻하는 Homeostasis 단어 속에서 Homeo-(동질성)이라는 접두어에 주목해 본다. 서로 다른 환경에서 자라온 두 사람이 가정을 이루고 그 속에서 새로운 개체를 맞이하면서 가족의 울타리를 만들게 된다. 서로 달랐던 두 사람이 서로의 이질성을 인정하고 얼마만큼의 적절한 동질성으로 승화시키는가는 굉장히 중요한 선택이라고 생각한다. 부부가 먼저 적절한 동질성을 구축했을 때, 건강한 가족의 울타리를 만들 수 있다. 하지만 건강한 가족의 울타리라고 생각됐던 곳이 가족 규칙을 만들어내는 과정에서, 가족 구성원들의 지속적인 관계를 유지하고자 부정적인 요소가 포함된 형태의 가족 항상성이 만들어질 수도 있다. 이러한 가족의 항상성은 가족의 성장을 위한 새로운 변화를 선택하고자 할 때마다, 우리를 익숙하고 편안함의 프레임에서 벗어나지 못하게 하는 부작용을 낳기도 한다.

나 역시 이러한 가족의 변화 과정 속에서, 나의 통제 욕구가 현 가족에게 본의 아닌 상처를 줬음을 부인할 수 없다. 때로는 나의 성숙하지 못한 인격으로 배우자에게 내 위주의 동질성을 요구했고, 아이에게는 부모로서의 교육이라는 이름으로 독립적인 인격체로 존중하지 않았음을 인정한다. 비록 인연으로 한 울타리에 모였지만, 각자 자신의 목적을 이루려고 우주로부터 이곳에 온 존재인 것은 분명하다. 하지만 엄연히 독립된 존재로서 존중받아 마땅함에도 나는 자주 그 사실을 망각하고 횡포를 부린 셈이다. 세상은 내가 바라는 대로 되지 않는다. 내가 바라는 대로 되어야 한다는 생각이 나의 발목을 붙잡고 걸림 없는 진정한 자유를 누리지 못하게 하고 있음을 안다. 그때마다 세상의 이치와 섭리가 내게 다가와 예외 없이 강력한 펀치를 날렸고, 나는 그때 서야 비로소 멈추고 나 자신을 돌아보곤 했다. 나이 들어가면서, 그 어리석음을 반복하는 일은 다소 줄었음이 그나마 작은 위안이다.

가족은 각자의 자신의 삶의 여정을 시작하면서 짊어지고 태어난 그 짐들을 가장 가까이서 마주 보는 관계이다. 가까운 만큼 자신이 짊어진 짐조차 버겁게 느껴질 때면 상대방의 짐의 무게가 엄청난 부담으로 다가온다. 그리고 그 부담감을 있는 그대로 서로에게 투사하면서 밀접하게 영향을 주고받게 된다. 가족은 그렇게 서로 영향을 주고받으며 살기 위해 만난 가장 가까운 이 생애의 도반이다. 어쩌면 가족은 나를 성장시키기 위해, 나로부터 온갖 원망을 받게 된다는 것을 각오하고서 그 힘겨운 성장 메시지를 전달하러 왔는지도 모른다. 하지만 어리석은 나는 나에게 온 메신저들에게 비난과 원망과 상처만을 되돌려줬다. 이러한 자각에 이르고 보니, 오히려 나를 성장시키는 존재인 가족에게 감사해하는 것이 마땅함을 알게 된다.

〈각자 자신의 빛나는 왕관을 쓰다〉

이제 감사함으로 가족을 바라보게 되고, 배우자도 아이도 각자 빛나는 영혼의 존재였음을 깨닫게 된다. 나는 그들에게 기꺼이 그에 걸맞은 빛나는 왕관을 씌워주는 것에 주저하지 않았다. 푸드 표현의 재료들은 어느새 총천연색의 찬란함으로 수놓아지고 있었다. 각자 멋진 날개를 달고 비상하면서 자신만의 지구별에서의 목적을 성취하기 위해 매 순간 빛나고 있는 모습으로 표현하고 싶었다. 거기에 놓칠세라, 따로 독립된 개체로 존재하면서도 서로에게 격려와 응원을 보내고 하나로 연결되어 있음도 더하고 싶었다. 그렇게 서로를 온전히 존중해주는 가족이길 바라는 마음과 한 울타리에 마주하고 있음에 감사하는 마음을 담고자 했다. 완성된 푸드 작품을 가만히 바라보는 것만으로도 갑자기 충만함이 가슴 벅차게 올라온다. 각자 자신만의 모습으로 온전히 존재한다는 사실과 서로에게 격려와 응원을 보내고 하나로 연결되어 있음에 깊은 위로와 따뜻한 안정감이 전해진다.

푸드 작품에 대한 피드백으로는, 프로방스풍의 꽃들을 모두 모아서 압화를 만들고 싶다는 생각이 들었으며 캘리그래피 글자를 새겨서 액자로 보관하고 싶다, 첫 인상이 사랑스럽고 예쁜 느낌이 들었으며 각자 정원을 가진 3개의 집들이 가운데에 함께 즐길 수 있는 공동의 정원을 공유하는 모습 같다고 하였다. 그중에서, 날개를 펼친 3마리의 새들이 각자 자기 삶을 살면서도 서로 연결되어 있는데 그 연결선이 일방적이지 않으며 순환적이어서 조화롭게 느껴진다는 피드백은 내가 추구하는 현 가족의 모습이기도 하다. 피드백을 주고받으면서 공감되는 느낌이 푸드 작품만큼이나 빛나게 느껴지는 순간이었다.

한 단락 셀프 저널
이제 희야는 밝고 긍정적인 기운이 가득해지는 것을 느낀다. 그것은 언제나 좋은 일만 있기 때문에 긍정적인 기운을 느끼는 것이 아니라, 긍정적인 기운을 갖기 때문에 저절로 좋은 일들이 끌어당겨지고 있음을 조금씩 알게 된다.

09 고결한 만다라, 수행자가 되기로 하다

당신 영혼의 실재를 경험하고 싶으면

당신 영혼에 마음을 집중하라.

에고의 세계에 쏠려 있던 마음을 거두어

당신 영혼한테로 돌려라.

당신 영혼과 통교하라. 당신 영혼을 느껴라.

– 디팩 초프라의 '우주 리듬을 타라' 중에서 –

　　신랑은 걷는 것을 좋아한다. 그에 반해 나는 걷는 것도 싫어하고 운동하는 것도 싫어하는 편이다. 하지만 이런 우리가 산티아고 순례길을 계획하는 일에는 너무도 쉽게 의견의 일치를 보았다. 순례길은 오롯이 걷는 것이 중요한 만큼 걷기를 좋아하는 신랑은 반가운 일이지만, 운동을 즐겨하지 않는 나로서는 평소에 꿈도 꿀 수 없는 일이었다. 하지만 순례에 대해 운을 뗀 것은 신랑이지만 정작 관련 자료를 수집하는 일은 내가 더 적극적으로 나서는 형국이 된 것이다. 나는 왜 산티아고 순례길에 관심과 열정을 보이는 것인가. 사실, 산티아고 순례는 나의 버킷리스트 중의 하나이기도 하다. 비록 당장은 오래 걷는 일을 장담할 수 없지만, 누구보다도 끈기를 갖고 한번은 멋지게 도전해 보고 싶은 마음이 강렬했었다. 다만 시간적 여유가 되지 않으니 가지 못하는 것일 뿐, 마음만 먹으면 언제든지 가능하다고 생각했던 터였다.

이렇게 다소 호기롭게 덤비는 까닭은 남들이 대략 30여 일의 일정을 생각하고 있는 것에 비해서, 우리는 천천히 우리의 속도대로 걷기로 맘먹고 거의 2배의 일정을 계획하고 있었기 때문이다. 물론 짧고 긴 다양한 루트는 많다. 하지만 우리는 프랑스 생장에서 출발하여, 스페인 산티아고의 데 콤포스텔라까지 약 800km를 오로지 걸으면서 자연을 마주하고자 하는 대장정을 계획하고 있다. 말 그대로 자연과 자신만이 길 위에 남게 되는 순례자의 여정인 것이다. 사정상 여전히 계획에만 머무르고 있지만, 이 순례 여정은 나의 인생 전반에서 가장 핫한 정점을 찍을 만한 사건이 아닐까 싶다. 산티아고 순례길을 이미 다녀온 지인과 여러 여행자의 책을 통하여 전해져 오는 전설 같은 얘기들을 데려와 오늘도 꿈꾸고 있다.

산티아고 순례길에서는 짐을 최소화해야 한다. 평소에 필요하다 싶었던 것들조차도 모두 내려놓고, 오로지 극한의 필수품만 챙겨야 한다. 그렇지 않으면 자신이 필요하다고 챙겨놓은 짐들을 그 누구도 대신 짊어져 주지 않으니, 오롯이 자신이 혼자서 짊어져야 하기 때문이다. 마치 각자에게 주어진 삶의 무게를 아무도 대신 짊어져 주지 않는 것처럼 말이다. 그러면서도 생존에 필요한 것은 남에게 의탁하지 않고 스스로 해결해야 하므로, 마냥 맨몸으로 걸을 수도 없는 노릇이다. 정말이지 늘 우리가 살면서 고민하는 문제였던, '적정한 소유'를 온몸으로 배우게 되는 기회인 셈이다.

이미 다녀온 지인이 말하길, 걷는 것이 너무 힘들어서 가다 보면 어느새 자기도 모르게 짐을 하나씩 버리면서 최대한 가볍게 하여 걷게 되었다고 한다. 게다가 최상의 워킹화를 준비했지만, 발에 물집이 생기고 너무 아파서 발을 보호하기 위해 급기야 준비한 생리대를 신발의 완충재로 사용하기도 했다고 한다. 이 얼마나 삶의 정수를 보여주는 경험담인가?

스스로 선택한 고생길은 자연스럽게 수행자의 순례길이 되고,

극한의 힘든 과정 속에서 포기하지 않는 자신의 또 다른 모습을 만나게 되는 것이다. 이렇게 힘든 수행자의 길을 가야 하는 것임에도 불구하고, 산티아고 순례길은 여전히 많은 순례자의 발길이 끊이지 않고, 스스로 고행을 자처하면서까지 버킷리스트로 자리매김하는 역설을 보여주고 있다.

자신이 그곳에 가야만 하는 이유와 순례의 경험은 저마다 다를 것이기에, 오로지 자신만이 알게 되는 그 무엇을 몸소 얻고자 그렇게 길을 떠나는 모양이다. 비록 각자 원하는 바는 다를지라도, 예외 없이 순례에 참여한 모든 사람은 각자의 역량만큼 성장했음이 분명하다. 제자리로 돌아가서는 각자의 방식대로 현재 진행형의 삶을 살아가고 있을 것이다. 그렇게 삶은 언제나 진행형이었고, 그 속에서 나도 계속 성장해가고 있었고, 나를 둘러싼 세상은 여전히 역동적이었음을 깨닫게 된다. 이러한 깨달음의 힘은 내 안의 본질과 만났을 때 왕성해지게 된다.

푸드 작품 중에서 만다라를 표현하는 것은 자신의 중심과 본질에 다가가고자 하는 염원이 담겨 있는 푸드 활동이라고 할 수 있다. 만다라를 통해서 자신의 마음속에 우주의 참됨이 있음을 깨닫고 자기 본질의 의미를 알아가는 과정을 체험하게 되고, 오

〈소우주의 확장과 수렴을 경험하다〉

묘한 대우주와 소우주가 만나는 시간을 마주하게 된다. 나의 본질이 우주의 공간 속에서 우뚝 솟아 있으면서도 우주 속으로 혼연일체가 되어 빨려 들어갔다가 다시 자기 모습으로 되돌아와서 본질을 만나는 자유로운 변화를 푸드 작품으로 표현하고 싶었다. 푸드 작품을 위에서 가만히 바라보니, 어린 시절에 매직아이를 오랜 시간 바라보다가 착시현상으로 빨려 들어갔던 경험이 생각나기도 했다. 또한 우주의 프렉탈 도형처럼 정교한 규칙성을 가지면서도 현란한 역동성이 숨겨져 있음을 발견하게 된다.

푸드 작품에 대한 피드백으로는, 천을 홀치기 모양으로 염색하여 펼쳤을 때의 문양처럼 보인다, 가운데 솟은 모습은 오르골의 춤추는 인형 같아 보이고 주변의 모습은 오르골에서 음악이 흘러나오며 퍼지는 모양 같다, 여왕의 대관식에서 아랫사람들이 여왕을 향해 고개를 숙이고 경외하는 모습처럼 보인다고 하였다. 그중에서, 다양한 보석들을 모아 52가지의 미덕(Virtue)으로 표현한 모습인 것 같다는 피드백을 들었을 때, 나의 고결하고 찬란한 만다라의 작용을 알아봐 준 것 같아서 감사한 마음이 들었다.

⬤ 한 단락 셀프 저널
희야는 거대한 우주에서 아주 작은 한 점이기도 하면서, 우주에서 유일무이한 존재이기도 하다. 우주의 어느 별에선가 왔었던 그곳으로 다시 돌아가는 그 날까지, 희야는 희야로서 존재하고 희야로서 머물다 가기를 소망한다.

Epilogue
에필로그

   몇 가지 고백을 덧붙이며 마무리하고자 한다. 문득, 몇 년 전부터 내게 필요한 것 3가지에 꽂혔었다. 그것은 바로 말하기, 책 읽기, 글쓰기이다. 누구나 자라면서 이 3가지는 너끈히 해낼 만큼의 능력을 갖췄겠지만, 유독 나에게는 나이 쉰을 넘기고서 내가 좀 더 나를 위해 채워야 할 꼭지들이라는 생각이 강렬했다. 요즘은 MBTI를 비롯한 성격유형에 대한 정보가 인터넷에서 넘쳐나는 시대이다. 하지만 자신의 성격 유형을 망설임 없이 드러낸다는 것은 에니어그램 성격유형의 5번 유형으로서는 상상을 못 하는 일이다. 그러한 5번 유형의 나는, 이제 변화의 중심에 서 있는 나를 바라본다. 나는 그렇게 세상 밖으로 나와, 타인과의 소통에 많은 관심을 갖게 되었다. 그저 혼자 있는 시간만으로도 충만했던 행복을 이제는 타인과 공유하고 나눔으로써 변화하는 전환점을 맞이하게 된 것이다.

〈내 삶의 꼭지들을 마주하다〉

다시, 나의 3가지 꼭지로 돌아가 보면, 사실 말하기 꼭지는 내게 가장 힘겨운 일 중에 하나다. 나를 아는 지인들은 거의 30여 년 가까운 시간 동안 강의를 하고 살았던 내가 말하기를 힘겨운 과제로 생각하는 것에 의아해할 것이다. 앞서, 푸드표현예술치료로 만난 나의 어린 시절과 지금까지의 자라온 모습을 보듯이 나는 자기주장으로 상황을 헤쳐 나가기보다는 환경에 순응하는 편이었다. 게다가 에니어그램의 5번 유형 특유의 성향상, 혼자 있는 시간과 공간에 편안함을 느끼기 때문에 타인과 얘기를 나누고 교류하는 것과는 거리가 멀었다. 그렇다고 사람들을 전혀 만나지 않는 은둔형은 아니다. 다만, 다른 사람들과 함께하는 자리에서는 차라리 듣는 것이 훨씬 편하고, 들은 얘기를 상상하고 맞장구쳐주는 것이 훨씬 즐거울 뿐이었다. 이제 나는, 강의 잘하는 사람이 아니라 대화의 자리에서 재미있게 말 잘하는 사람이 되고 싶다고 고백한다.

나의 책 읽기 꼭지는, 5번 유형답게 정보 수집을 위해서라면 어떤 것이라도 읽겠다고 다양한 읽기에 덤벼드는 편이었다. 하지만 나의 책 읽기는 맥락을 잃어버리거나 호기심 수준의 읽기였음을 알게 됐다. 그리고 솔직히 나의 책 읽기는 순간순간 도피처를 찾기 위해 시도했을 뿐, 읽기의 열정이 남달랐던 것은 아닌 것이 분명했다. 이제라도 제대로 된 읽기를 해야겠다는 필요성이 절실해지는 것을 보면 열정도 함께 생겨나리라 자못 기대한다. 이제 나는, 남에게 지식을 드러내 보이려는 읽기가 아니라 어느새 자연스럽게 손에 책을 들고 있는 사람이 되고 싶다고 고백한다.

마지막으로, 나의 글쓰기 꼭지는 내게 굉장히 중요하다. 언젠가 행복에 관한 워크숍에 참석한 적이 있다. 강사로부터 자신을 행복하게 해줄 가장 하고 싶은 꿈이 무엇인지 질문을 받았다. 나이 들어가면 하던 일을 정리하고 여행이나 다녀야지 하고 생각했던 나였기에, 새로운 꿈을 꾼다는 것은 미처 생각하지 못했던 터라 다소 당황했다. 나는 다른 여러 가지를 급조해서 생각하기에 바빴는데, 내가 말할 차례가 다가왔을 때 나도 모르게 '어른을 위한 동화작가'라고 말하고 있었다. 내 안에 숨겨졌던 꿈이었을까? 말하고 나서 어색함보다는 더욱 흔쾌히 그렇게 되고 싶다는 강렬한 욕구에 사로잡혔다. 글쓰기는 결코 쉬운 일이 아니다. 특히 공대생으로 살아왔던 내게는 멀게만 느껴지는 것이 인문학적 글쓰기이다. 하지만 나는 내 꿈을 다른 사람들 앞에 내뱉고 난 후부터는 어른들이 읽고 싶어 하는 동화책을 쓰겠다는 욕망이 슬며시 올라오곤 했다. 물론 그 길은 멀고 긴 여정이 될 것이다. 하지만 지금 이 순간, 멀기만 했던 그 첫 발걸음을 내디딘 것 같은 뿌듯함이 느껴진다. 이렇게 새로운 길 위로 들어선 것에, 그리고 어설프지만 소심한 한 걸음을 뗄 수 있도록 나에게 다가온 기회에 진심으로 감사하다.

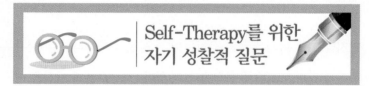

Self-Therapy를 위한
자기 성찰적 질문

1. 나에게 부모는 어떤 존재인가?

   가. 부모가 나에게 준 가장 큰 영향은 무엇인가?

   나. 나는 부모와 얼마만큼 정서적으로 분리되어 있다고 생각하는가?

   ----

2. 나의 어린 시절에서, 가장 기억에 남는 것은 무엇인가?

   가. 현재의 나에게 어린 시절의 기억이 어느 정도 영향력을 미치고 있는가?

   나. 나는 어린 시절의 기억들을 얼마만큼 객관화시킬 수 있는가?

   ----

3. 나는 평소에 나 자신을 직면하는 편인가? 아니면 회피하는 편인가?

가. 자기 자신을 직면하고 난 이후의 감정은 어떠한가?

나. 자기 자신을 회피했을 때, 자신에게 무슨 말을 해주고 싶은가?

---

4. 나의 핵심 가치는 무엇이며, 어떠한 의미를 가지는가?

가. 현재의 핵심 가치가 나의 삶에 구체적으로 어떠한 영향을 주고 있는가?

나. 나의 핵심 가치와 삶의 목표는 어떠한 상관관계를 갖는가?

---

5. 나는 얼마나 자주 '지금-여기'에 머물러 있다는 느낌을 갖는가?

가. 나는 주로 언제, 어느 경우에 온전한 충만감을 느끼는가?

나. 나는 '현존하는 것'이 무엇이라고 생각하는가?

Contents
차례

박지은(별칭: 보름달)

• 푸드표현상담사 2급

• 사회복지사 2급

• 보육교사 2급

• 상담학습전문공동체 '왕자와 공주' 18기

• E-mail. pk3827@naver.com

제3장

나와의 만남,
변화의 시작

박지은
푸드표현상담사 2급

Prologue
프롤로그

 2021년 푸드표현 예술치료를 처음 접하였다. 시작은 설렘과 두려움이었으나 끝은 나의 삶에 많은 선물들을 받고, 내 안의 보물들을 찾아낸 것 같다. 지금 내가 글을 쓰는 이유도 내가 받은 많은 것들이 감사해서이다. 나를 만나고 나를 알아차리고, 내가 조금씩 달라지는 신기한 경험을 적기 위함이다. 글쓰기를 통하여 작품과 피드백을 한 번 더 보면서 더 깊이 있게 나를 만나 보았다. 43년, 나의 삶을 돌아보며 '막연히 그럴 것 같다.'라고 생각했던 것들이 "그렇다, 아니다." 둘 중의 하나로 정리가 되었다. 나에게 예쁜 퍼즐 조각들이 있어서 그것들을 들고서 좋은 퍼즐 같은데 도대체 이것이 무엇인지 모르다가 이제는 완전히 맞춰져서 전체의 아름다운 하나의 작품(나)을 보는 듯하다. 작품의 모든 면이 아름답지는 않지만, 추하고 숨기고 싶었던 삶 또한 나의 모습이었고, 다시 생각해 보고 싶지 않았던 삶의 순간들도 조금은 여유롭게 나의 삶으로 받아들여진다.

"있는 그대로의 내가 좋다."

〈선물〉

보름달이 복덩어리 되어

〈보름달〉

　　고등학교 1학년 때 과학 선생님을 짝사랑하면서 너무 행복했다. 교정을 걷는 것을 보기만 해도, 웃음을 짓기만 해도 그 모습을 보는 것만으로도 나는 행복했다. 세상이 아름다워 보였다. 그러나 그 선생님과의 사랑이 이루어질 수 없다는 것을 알았다. 그래서인가 그 어린 나이에 '이룰 수 없는 사랑이란 것과 진정한 사랑이 무엇일까?', '삶의 의미와 목적, 행복이란 무엇일까?' 하는 인생에 대한 고민을 많이 하게 되었다. 내 사랑에 대한 답도 없었으며, 누군가에게 물어보지도 않았으며 하늘을 쳐다보고, 교정의 목련꽃을 보고, 비봉산의 나무들, 자연들을 보며 생각에 빠져 있을 때가 많았다. 지금은 그저 웃을 수 있지만, 그 당시 여고생이었던 나에게는 매우 심각한 고민이었다. 그 당시 나는 가족들에게 충분한 사랑을 받고 있었고 이뤄질 수 없는 사랑이긴 하지만 사랑으로 인한 행복을 충분히 느꼈기에 이대로 죽어도 괜찮겠다는 생각이 들었다. 그렇다면 이제 내가 살아야 하는 이유가 무엇일까 고민을 하다가 내가 남에게 도움이 된다면 삶이 의미가 있겠다는 결론을 내렸다. 그래서 "보름달과 같이 어두운 밤에 세상을 환하게 밝혀주는 사람"이 되고 싶었다. 내향적이고, 부끄러움이 많은 나는 어두운 밤에 세상을 환하게 밝혀주는, 조용히 누군가에게 빛이 되는, 도움이 되는 사람이 되고 싶었다. 20여 년이 지난 지금 별칭을 생각하며 보름달이 그려졌고, 아직도 내게 그 마음이 있음을 발견하고 별칭을 달았다.

내 생애 처음으로 상담자원봉사자 활동을 시작하면서 "내가 잘할 수 있을까?" 하는 긴장감을 느꼈다. 푸드표현 예술치료 프로그램을 배우는 것도 처음이었다. 먹는 음식 재료로 예술적으로 표현한다는 것은 '음식은 먹고 살기 위해서, 나의 생명을 유지하기 위해서 먹는 것'이라는 나의 고정적 생각에 대한 하나의 도전이었다. 그리고 그림이나 미술적인 표현을 잘못한다고 스스로 생각하기에 참으로 부담스러웠고, '나만 너무 못하는 것은 아닐까?' 하는 걱정도 되었다. 첫 작품을 만드는 데 시간은 다소 많이 걸렸다. 그래도 시작이 반이라고 하지 않는가 하면서 시작한 것은 내게 운명으로 다가왔다. 혹시나 내가 만든 작품을 아무도 못 알아볼 것 같아서 한글로 보름달을 덧붙였다. 내가 예술로 표현하는 것에 대한 부담이 그만큼 컸었다. 그리고 내가 표현한 그대로 이해받고 싶은 마음도 있었다.

피드백을 통하여 글자 표현에 대한 칭찬과 있는 그대로 보아주는 것에서 편안함과 '나도 할 수 있겠구나.' 하는 희망이 생겼다. 그 피드백은 따뜻했다. 내가 잘하고 못하는 것을 판단 받는 것이 아니라 내가 표현한 그 이상으로 작품 속에서 나의 가슴을 뛰게 하는 것을 발견해 주었다.

'보름달 안에 있는 작은 7개의 원은 행운을 뜻하니 운이 좋은 것 같고, 7개의 작은 원을 포용하는 큰 원 하나를 더하면 8개의 원이네요. 8은 복의 숫자입니다. 선생님은 '복덩어리' 이시네요. 선생님은 복 받을 일이 참 많이 있겠네요.' 라는 피드백을 들으며 나의 심장은 뛰었다.

내 이름이 복지(祉)자에 언덕은(垠)이라 '나는 복이 언덕만큼 많아, 나는 복이 많은 사람이야.' 하며 혼자 생각했었고 좋아했었는데, 내 속내를 들킨 것도 같고, 정말 내가 복이 많은 사람, "복덩어리가 맞았어."라고 확신하는 시간이기도 하였다. 피드백을 통하여 나는 머리를 한 대 맞은 듯 신선한 충격으로 '푸드표현예술치료가 무엇일까?' 하는 궁금증과 설렘으로 다음 시간을 기대하게 되었다.

 작품설명

어린 시절 어두운 밤, 세상을 비추는 달과 같이 세상을 비추는 사람이 되고 싶어서 보름달이라는 별칭을 쓴 적이 있다. 20년이 더 지난 지금에도 그 마음이 남아있어 이제 진정 보름달처럼 비춰주고픈 마음으로 만들었고, 남들이 알아보기 어려울 것 같아 보름달이란 글자를 함께 만들었다.

 피드백

- 글자를 표현한 것이 솜씨가 있어 보인다.
- 청포도 알갱이는 푸딩 같아 신선함이 느껴졌다.
- 접시의 세포분열, 착상하여 내려가는 느낌이다. 안전하고

편안하다. 잘 성장할 것 같다.
- 보름달, 하나의 행성으로 새로운 세계가 담겨 있다. 새롭게 찾아올 존재들, 신비롭고 정겨움도 있다. 7개의 원은 행운을 상징한다.
- 운이 좋은 것 같다. 전체는 8개로 복의 숫자다. 복덩어리로 복 받을 일이 있겠다.

■ 나의 느낌

그림이나 모양 만들기에 자신이 없었던 것 때문에 글자를 썼는데 가능성이 있어 보인다는 긍정적 메시지가 좋았고, 약점이 또 다른 것을 만들 수 있겠다는 생각이 들었다. 복덩어리라는 말을 들었을 때 찌릿한 놀람이 있었다. 내 이름에서 나는 스스로 복이 많다고 혼자서 생각하고 내가 복 많은 사람이라고 좋아했었는데 피드백을 통해 다시 확인한 것 같아 좋았다. 나의 가능성과 나에 대해 다시 생각해 보는 시간이었다.

너와 나, 말하지 않아도 알아요

〈너와 나〉

이 프로그램을 통하여 내가 이루고자 하는 목표를 주제로 활동하였다. 그 순간 가장 먼저 떠오른 것은 나의 마음을 있는 그대로 표현하는 것, 내 감정과 생각을 표현하고 싶었다. 어릴 적부터 나의 감정을 잘 표현하지 않았던 것 같다. 나에게는 4살, 3살 많은 오빠가 둘이 있다. 큰오빠는 내가 보기에 어른스럽고 책임감도 있고, 집안의 장남으로서, 장손으로서의 모습으로 항상 듬직해 보였으며 그런 오빠를 부모님과 주변 사람들이 칭찬하는 모습들을 많이 봤다. 그에 반해 작은오빠는 자신의 감정 표현을 많이 했다. 좋고 싫은 것, 하고 싶은 것, 하기 싫은 것 등 순간적인 감정들로 인하여 부모님의 언성이 높아지기도 하고 혼나기도 하고, 나는 그런 모습을 보며 "작은 오빠처럼 안 해야겠다." 라고 생각했다. 예를 들어 밥에 콩이 있어 먹기 싫다고 투정 부리는 오빠를 보며, 나도 먹기 싫었으나 참고 먹었다. 그래서 칭찬받았고, 그 칭찬이 좋아서 나는 항상 좋은 모습을 보이기 위하여 애를 썼던 것 같다.

20대를 지나면서는 항상 밝은 모습과 긍정적인 표정으로 나의 내면의 부정적인 감정들은 감추고 억누르며 살았다. 결혼하고, 자녀를 낳고 기르면서 내 안의 무수한 감정들이 올라왔으며 그저 혼자서 감정을 억누르며 지내는 것이 더 이상 되지 않았다. 여러 가지 감정들의 홍수 속에 있는 나 자신을 받아들이는 것도 시간이 걸렸다. 그리고 그 감정을 잘 표현하여야 하는 것을 알게 되었으나 그러지는 못했다.

'나 하나 참으면 되는데' 라는 생각과 '내가 이런 말을 하면 상대방이 상처가 되지는 않을까?' 하는 생각들이 내가 하고픈 말이나 표현을 가로막을 때가 많았다. 하지만 내가 말하지 않음으로 문제가 되는 경우도 있어 표현하지 않음을 후회할 때도 많았다. 더 이상 후회하고 싶지 않고 나의 감정과 생각들을 잘 표현하고 싶었다.

작품을 만든 후, 나의 작품을 만나고 피드백을 받는 가운데 계속 남편이 생각났고, 작품 속의 두 사람이 남편과 나의 모습으로 그려졌다. 이 회기를 통하여 나는 남편과 연애하던 그 시절의 아름다웠던 추억과 아직도 그 마음이 여전함을 발견하였다. 수건이 내 눈을 덮고 있어 보지 못하였는데, 그 수건을 걷어내어 밝히 보게 된 것 같다. 푸드표현 예술치료의 능력이랄까 힘이랄까 놀라지 않을 수 없었다. 몇 달이 지난 후 남편에게 몇 년간 참아왔던 내가 진정으로 하고픈 말을 하였다. 그리고 예전의 남편을 사랑하였던 그때의 설렘과 떨림으로 행복하였다.

 작품설명

같은 면도 있지만 서로 다른, 나 아닌 너에게 나의 긍정적인 마음, 부정적인 마음, 내가 너에게 원하는 것까지도 편하게 말을 할 수 있는 것을 생각하며 작품을 만들었다. 푸르른 자연 속의 편안한(깻잎과 새싹 채소로 표현) 곳에 두 사람의 발을 딛고 있는 모습이다.

- 굳이 팔이 필요할까, 볼을 맞대고 있는 사이인데 말을 안 해도 통한다.
- 아이와 아기, 사랑하는 남녀 사이, 사랑을 주고받는 사이 같다. 예쁘다, 앙증맞고 예쁘다.
- 새초롭다. 디테일의 느낌이 강렬하다. 많은 느낌이 있다. 두 사람이 걷는 길 어떤 길이라도 좋아 보인다.
- 맑은 날 친구들이랑 "읍내 가자" 하며 같이 어울려 즐겁게 놀러 가는 모습 같다. 소원을 들어주고 돌아가는 빛의 세계 요정들 같다. 경쾌하고 가는 방향이 궁금하다.

■ 나의 느낌

만들 때는 이 모임을 통하여 이 안에서 나의 목표를 생각하고 이곳 사람들과 관계에서 생각을 하였는데 나의 작품과 만나는 시간에 자꾸만 남편과 나의 모습이 자꾸 생각이 나고 팔이 있어서 서로 안아주었으면, 초록빛이 더 위로 있어서 더욱 편안함을 더하였으면 하는 아쉬움이 남았다. 피드백을 들으면서도 계속 남편과 나의 이미지가 떠나지 않았다. 피드백을 들으며 나의 과거 생각인 '말을 하지 않아도 진심은 통한다는 것'을 발견해 주어서 신기하고 놀랐다. 남편에게 기대어 앉아만 있어도 편하고 말이 없어도 편하고 좋았던 '너와 나'를 피드백을 통하여 다시금 보았다. '지금 내가 바라는 것이 있어서 남편과의 사이에 불편함이 있었겠구나, 내가 남편에게 바라는 마음을 버리면 편안하겠다.' 라는 결론을 내렸다

바라는 그 마음을 내려놓으니 남편과의 불편함이 사라졌고, 마음을 더욱 진실하게 하고 마음을 다하는 것이 우선임을 한 번 더 생각하게 되었다.

요리조리 하늘에서 떨어진 딸

〈하늘, 그리고 기다림〉

나의 출생의 순간을 생각해 본 적은 없다. 어린 시절에 관한 이야기는 어머니께 들은 이야기로 기억한다. 나의 탄생, 탄생이라는 그 말의 느낌이 무언가 대단한 생명의 시작이라는 느낌이라서 좋게 느껴진다.

오빠 둘에 막내인 나는 하루에 버스가 4번 다니는 시골 마을에서 태어났다. 어머니께서 임신한 후에 산부인과를 몸 상태가 안

좋았을 때 1번 간 것을 제외하고는 간 적이 없다. 우리 삼 남매의 출산은 할머니와 이웃 할머니 두 분의 도움으로 집에서 했다고 한다. 오빠 둘은 연년생이고, 딸을 가지고 싶어서 3년 터울을 두었고, 음력 1월생으로 낳고자 계획하고 임신을 하였으며 그를 위하여 간절히 빌었다고 한다.

엄마는 아들은 어깨가 발달하여 낳을 때 힘든데 딸은 어깨가 좁아서 낳기가 수월했고, 세 번째라 이제 어떻게 아이가 나올지 알았기에 낳을 때 오빠들보다 훨씬 수월했다고 한다. 원하고 바라던 딸이었고, 어머니의 계획대로 태어나서 더욱 기뻤다고 한다. 그러나 할아버지께서는 아들을 바랐는데 딸이었고, 머리카락도 거의 없어서 실망하셨다고 하셨다. 하지만 아침에 일찍 일어나고 말을 잘 들어서 할아버지의 사랑을 많이 받고 자랐다.

나: 엄마 나 어디서 왔어?

엄마: 하늘에서 요리조리 떨어져서 엄마가 받았지.

어릴 적 기억 속에 위의 질문과 답이 어렴풋이 기억이 나고 또 웃으면서 엄마와 놀이처럼 기분 좋게 말했던 기억이 있다. 그 기억으로 작품을 만들었다. 우리 어머니께서도 오빠 둘에 셋째이고 딸로 태어나 외할머니께서 "세상에 딸을 가진 사람은 나밖에 없는 것 같다" 하시며, 나의 어머니에 대한 사랑을 이야기하셨다. 돌아가시기 전에도 그런 이야기 하시며 나에게도 딸 하나 더 가지기를, 외할머니와 어머니처럼 나에게도 예쁜 딸이 태어날 것이라고 하셨다.

외할머니 돌아가시고 두 달 후에 셋째 아이를 임신한 사실을 알았고, 두 아들이 있던 나에게 딸이 오겠구나 싶었다. 특별히 다른 욕심은 없었으나 딸 가진 사람들이 그렇게 부럽고, 딸에 대한 미련은 버리지 못해서 '꼭 딸을 낳아야겠다.' 라고 생각했지만, 그 당시 마음은 비우고 있었던 상태였다. 하지만 외할머니 돌아가시고 생긴 그 아이가 느낌으로는 딸일 것이라 확신했었다. 산부인과에서 "아들"이라 하였지만, 마음에서 '내가 그렇게 세상에 나쁘게 마음먹고 나쁘게 살지 않았는데 나의 그 간절한 소원을 안 들어 줄 수는 없지' 하며 딸일 거라는 희망을 가졌다.

셋째이고 딸인 현재의 막내가 너무 예쁘며, 그 아이가 자신이 사랑받고 있는 것을 아는 것 같아 보이고, 나의 어린 시절도 딸과 비슷하지 않을까 생각이 든다. 딸에게도 하늘에서 요리조리 떨어지는 것을 엄마가 받았다고 이야기한다. 사랑은 대를 이어 전해지는 것 같다.

작품설명

어릴 적 하늘에서 요리조리 떨어졌다는 어머니의 이야기와 기다림을 표현하고 싶었다. 해로 하늘을, 떨어지는 달걀로 나를, 아몬드를 할아버지, 할머니로 호박씨를 아버지, 어머니로 팥을 큰오빠, 작은 오빠로 표현하였다. 나의 출생을 기다렸을 가족들을 표현하였다.

피드백

- 해의 색상에서 다채로움과 풍만함이 느껴진다. 해의 에너지가 새로운 생명에게로 퍼져 나가는 모습이다. 태양을 품은 아이로 자라나겠다.
- 해와 달걀을 잇는 선이 연결의 느낌을 준다. 보일 듯 보이지 않는 그 연결선이 나의 삶에도 늘 있겠다 싶다.
- 작품의 바탕인 노란색이 나에게 질투심을 생기게 한다. 뭔가 황금빛의 품을 가진 작품 같다.

■ **나의 느낌**

작품을 만들고 피드백 과정을 통하여 나를 향하였던 가족들의 사랑과 보살핌을 다시 생각하게 되었고 조부모님과 부모님 오빠들에게 깊은 감사의 마음을 갖게 되었다.

현재 살아계신 부모님과 오빠들에게 그 은혜에 보답하는 삶을 살아야겠음을 다짐하는 시간이었다.

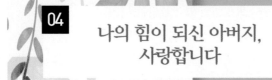

04 나의 힘이 되신 아버지,
사랑합니다

〈우리 아빠 최고!〉

우리 아버지는 전형적인 경상도 분으로 말이 많지 않으신 분이다. 내 어릴 적 기억 속에는 아버지께서 '사랑한다' 는 말을 하는 장면이 남아 있지 않다. 그러나 나를 바라보는 아버지의 눈빛과 미소, 나의 손발톱을 잘라 주시고 귀지를 내어 주시며, 아버지의 허벅지에 누워 있던 그 시간에서 나는 본능적으로 아버지의 사랑을 느꼈다.

내 어린 시절에 기억되는 아버지는 힘이 센 분이셨다. 내가 높은 마루에서 힘껏 뛰어내리면 받아주셨고, 내가 가장 좋아하던 아버지와의 놀이였다. 아버지 양팔에 작은오빠와 동시에 매달려 즐겁게 놀았던 기억이 생생하다. 아버지의 화내신 모습에 대한 기억이 없다.

그런 기억들이 청소년기를 지나며 내 마음속의 아버지는 언제나 나를 지지해 주시고, 내가 쉴 수 있는 편안한 안식처였다. 내가 기분이 좋지 않을 때 아버지 허벅지를 베고 조용히 누워 있으면 편안함을 느꼈다. 그런 아버지가 좋았고, 기쁘게 해 드리고 싶었으며, 실망 시키고 싶지 않아 내 양심의 소리에 더 귀 기울여 삶을 살았다. 이런 아버지의 사랑은 내가 세상을 사는 힘이었다.

아버지에 대해 푸드 작품을 하려고 할 때 아버지가 군대에서 찍었던 몇 장의 사진들이 기억났다. 콘크리트 다리에 철로 된 난간에 흰색 런닝을 입고 서 계셨던 사진과 바다에서 건장한 모습으로 서 계셨던 모습이 떠올랐다. 이 모습이 내가 좋아하는 멋진 아버지의 모습이다.

회기를 마치고 사진 속의 20대의 아버지, 기억 속의 아주 멋있던 아버지를 오랜만에 사진첩에서 다시 보았다. 지금의 나보다

20살 정도 어린, 20대 초반의 아버지, 어리고 풋풋한 모습을 보면서 아버지도 멋진 청년의 시기가 있었구나 하고 젊은 청년의 아버지를 만났다. 나의 아버지가 아닌 한 사람의 청년, 어머니께서 이야기해 주신 아버지 모습과 겹치면서 설렘을 느꼈다. 그리고 나와 가족을 위하여 희생하며 젊음을 보내고 이제는 노년인 아버지, 나이 들어 점점 약하여지는 아버지 생각에 가슴이 아팠다.

푸드 작품을 할 때와 이 글을 쓰고 있는 지금도 눈물이 자꾸만 흘렀다. 아버지를 떠올리며 눈물을 흘린 것은 처음이어서 이런 내가 어색했다. 아마도 아버지의 희생과 수고에 대한 감사와 나의 아버지에 대한 깊은 사랑에서 흐르는 눈물이 아닐까 생각된다.

감사합니다. 사랑합니다. 아버지!

 작품설명

아버지의 20세 때 군대에서 찍었던 몇 장의 사진들이 기억이 나서 그 모습을 작품으로 만들었다. 다리 난간에 흰색 런닝을 입고 서 계셨고, 또 바다에서 건장한 모습으로 서 계셨던 두 모습이 떠올라서 쫀드기 (다리)위에 서 계신 멋진 우리 아빠를 표현하였다.

- 접시를 넘어설 로봇 태권 브이 같은 만능의 아버지, 힘차고 강인하고 든든함이 느껴진다.
- '뽀빠이 도와줘요' 늘 준비되어 있는 뽀빠이 같이 느껴지고 힘이 있었다.
- 빅히어로 같고, 주황색이 손오공의 여의봉 같아 능력자 같음, 따뜻한 영웅이다.
- 연못에 연잎, 백연이 살짝 피는 것 같다, 물고기의 양분 같은 편안하고 안전한 연못 같다.

■ **나의 느낌**

어린 시절 아버지는 힘이 좋으셨다. 덩치가 컸던 내가 높은 마루에서 뛰어내리면 받아주시고 아버지 팔에 매달리어 놀았고 힘껏 뛰어도 잘 받아 주셨기에 나는 안전함을 느꼈다. 그리고 언제나 나의 편이 되어주셨던 내가 편히 쉴 수 있고 기댈 수 있었고, 아버지의 사랑이 나에겐 힘이 되어서 세상을 사는 힘이었는데 피드백을 통하여 한 번 더 확인하였다. 아버지의 사진을 다시 보았다. 40대인 나의 눈에 20대인 청년의 아버지, 순하신 얼굴이시지만, 정말 멋지고 건장한 청년의 모습이었다. 이제는 나이 들어 굽어진 등, 아픈 다리를 떠올리며 가슴이 아팠다. 아버지께 감사와 사랑의 표현을 더 많이 해야겠다.

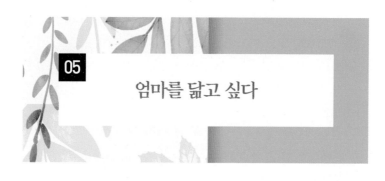

엄마를 닮고 싶다

〈엄마 따라〉

〈엄마 손에 요술 봉을 맡깁니다〉

'엄마' 하면 떠오르는 이미지가 있다. 단아한 모습이다. 내가 초등학교 5~6학년 즈음에 강하게 각인된 엄마의 모습이다. 그것은 늦가을에 목을 감싼 하얀색에 니트(같은 재질로 감싼 큰 단추 4~5개로 목에서부터 가슴 정중앙에서 아래로 달렸고, 그 양쪽으로 꽈배기 모양의 반복된 짜임으로 모양의 낸 옷)와 검은 치마를 입고서 반묶음 머리를 한 40대 초반의 성숙한 여성으로 기억된다.

이 모습은 내가 가장 좋아하는 엄마의 이미지이다.

또 하나는 책상 옆에 차곡히 쌓여있는 엄마의 일기장이 떠오른다. 70살이 넘은 지금도 엄마는 일기를 쓰고 있다. 그리고 농사짓는 고된 일과 중에서 마음의 양식이라는 책 읽기를 짬짬이 하며, 우리 삼남매에게 그 책 이야기해 주셨던 엄마. 지금 생각해 보면 나의 엄마는 자신에게 소중한 것을 꾸준히 해 오신 분인 것 같다. 그 마음으로, 그 마음의 힘으로 우리 삼남매를 사랑으로 돌봐 주시지 않았나 싶다. 내가 기억하는 엄마는 밝고 즐거운 표정과 태도로 나와 가족을 대하셨다. 시부모를 모시고, 4명의 시동생을 재금(독립) 보낼 때까지 예와 효를 바탕으로 긍정적인 태도를 보여주셨다. 그런 엄마를 보면서 대단해 보였다. 나의 엄마가 자랑스럽다. 그리고 나도 자랑스럽고 싶다. 그래서일까 나는 마음속에 늘 엄마를 닮고 싶다는 소망이 있었다. 지적인 엄마를 닮고 싶고, 가정의 평화를 만드는 엄마를 닮고 싶고, 배움의 끈을 놓지 않는 엄마를 닮고 싶고, 노래를 잘 부르는 엄마를 닮고 싶다. 내가 엄마를 닮으면 내가 평안해질 것 같다. 이 평화가 나로부터 발현되길 나는 바란다.

어머니께서 매일 쓰는 일기장과 펜, 앉는 방석을 만들고 마음이 깨어있어 생동감 있는 엄마를 토마토를 잘라서 방석 위에 올렸다. 쌓인 일기장과 어머니께서 좋아하시는 책을 그리고 젊은 시절 노래도 좋아하셨기에 오선지와 음표로 표현하였다. 어머니 삶에서 꽃 한 송이의 여유와 감성이 있으면 더 좋을 것 같기도 하고 내가 드리고 싶어서 꽃다발을 새싹 채소로 표현하였다.

 피드백

- 펜이 노래방 마이크 같고, 노래방 책자로, 가족끼리 모여 노래 부르는 모습 같으며 신나고 재미있겠다. 화목해 보인다.
- 펜이 요술지팡이 같아서 모든 것을 만들어 내는 것 같고, 꽃방석이 투명하고 빛을 내서 꽃방석에 앉아서 조화를 만들어 낸다. 조화로움과 아름다움 기분이 좋아 보인다.
- 너무 정갈하고, 담백하면서 따뜻하면서도 정갈하다 그분이 그러할 것 같다. 많이 필요하지 않은, 꼭 필요한 것만, 그것으로 만족한 모습. 넘치지 않고, 부족하지 않은 느낌, 고추와 음표가 강하게 들어옴, 유쾌하고 행복한 느낌, 저절로 음악이 품어져 나오는 것 같다.

■ 나의 느낌

부모님과 함께 노래방에서 신나게 노래 불렀고 자주 함께 했던 추억(잊고 있었던)을 떠올리게 해 주어서 놀랐고, 그때 생각에 기분도 좋았다. 정갈하고 꼭 필요한 것만으로 복잡하지 않으며 만족하시며 사시고 유쾌하고 행복한 모습, 곧 우리 어머니의 모습을 반영해 주어서 신기하고 놀라웠다.

어머니에게 꽃을 더해 주고 싶었으나 그건 내 마음이지 어머니와 어울리지는 않는 것 같아 작품을 변형 하였다. 접시 중앙에 하트달린 펜이 "요술 봉"이 되어 어머니의 뜻대로 이뤄지는 삶이되기를 바란다. 그리고 그런 어머니의 삶을 존중하며 나도 닮아 가고 싶다.

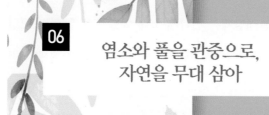

06 염소와 풀을 관중으로, 자연을 무대 삼아

〈바람타고 슝슝~〉

태어나서 초등학교 졸업까지를 나의 성장 1구간

으로 나누어 보았다. 이 시절 가장 기억에 남는 것은 봄의 갓 자

라난 새 풀의 초록색의 색깔과 이슬이 내려 풀잎에 맺혀 있는

것과 그 이슬방울이 또르르 떨어질 때 그 방울에서 나는 은빛

색깔이었다.

시골에서 자랐기에 풀을 밟고 학교에 다녔고, 이슬이 내리는 계

절에는 풀밭 길을 걸으면 신발이 젖기도 하였다. 하교 후 염소를 집으로 데리고 오는 것이 나의 일상이었다. 염소를 데리러 갔다가 풀밭에 앉아서 주위에 있는 나무, 풀들에게 이야기도 하고 때로는 노래를 부르기도 했다. 그 순간 나는 무대의 주인공이었고, 관중은 염소와 풀과 나무 등 자연이었다. 나는 봄바람이 나의 볼을 살랑살랑 간질이고, 내가 주인공이었던 그 시간이 나의 머릿속에 아름다운 추억으로 자리하고 있고, 초록색의 푸르름이 머릿속을 가득 채우고 있음을 푸드 표현을 통하여 알았다. 내 안의 쉼터를 발견한 것 같다.

 작품설명

어린 시절에 시골에서 풀을 밟고 자랐고 봄에 논에 돋아나는 새 풀들과 풀밭의 초록이 제일 생각이 많이 났다. 가족들의 사랑 속에서 자유롭고 인정받고 칭찬받았던 나를 핑크 구름을 타고 자유롭게 바람을 맞으며 날고 있는, 덜 익은 방울토마토로 표현하였다.

 피드백

- 동화 한 편을 보는 느낌이에요. 초록만 가득한 초록 세상을 내려다보던 핑크 태양이 핑크 구름에 태워 초록이를 보내

다채로운 빛깔 가득한 세상으로 바꿀 것 같은 이야기가 그려진다.

- 초록이는 초록색이라 초록 세상에 자연스럽게 어우러지고 그 속에 자신의 자리를 잡지요. 자기의 색이 익어가고 변해가면서 초록 세상을 더 아름다운 빛깔로 바꾸는 마술사 같은 존재일 것 같네요

■ 나의 느낌

피드백을 통하여 자연이 놀이터였고, 자연을 친구 삼아 이야기하고 놀았던 나의 모습이 동화 같이 느껴졌고, 초록의 편안함에 따뜻함까지 더해졌다. 자연이 주는 선물을 어린 시절 받았으나, 이제야 그것을 열어보고 선물에 감사했다. 그 느낌과 그 순간들이 머릿속에 아름답게 간직되어 있음을 발견하였고, 삶이 힘들 때 가끔 꺼내 보면 힘이 될 것 같다.

07
핑크빛 사랑으로 물들다

〈비봉산자락에서〉

    고등학교 1학년 때 열정적으로 수업을 하시고 수줍은 듯 살포시 웃으시던 과학 선생님을 사랑하였다. 사랑이란 표현을 쓰기가 조금 어색하기도 하지만, 구름다리를 지나가는 선생님만 보고도 콩닥콩닥 가슴이 뛰었고, 얼굴이 빨개졌었다. 선생님을 보고 싶어 과학 공부를 열심히 하였고, 질문할 문제를 찾아서 선생님께 질문하러 가는 시간이 더없이 행복했다.

그렇게 선생님에 대한 사랑의 마음이 있은 후로 세상의 모든 것들이 아름다워 보였고, 정말 핑크빛 세상이었다. 그래서 선생님과 결혼이란 것까지 생각해 보았으나 선생님은 가정이 있으신 분이었기에 나에게는 "진정한 사랑이란 무엇일까?" 깊은 고민을 하게 되었다. 선생님께서 행복하셔야 그 미소를 내가 볼 수 있고, 당시 나에게 진정한 사랑을 위하여 할 수 있는 것은 '선생님이 행복하실 수 있기를 바라는 것' 뿐이라는 결론과 '선생님께서 나중에라도 홀로 되신다면 그때는 선생님과 결혼해야지' 그래서 선생님과 나의 나이가 15살 차이라 나의 결혼 싱대는 15살 연상까지란 결론을 남겼다. 그리고 선생님과 학교라는 한 공간에서 생활하는 것이 더 없이 행복하였다.

그리고 고등학교 1학년 때 반대 반으로 펜팔을 했다. 반 친구들 모두 편지를 써서 인근 남자 학교로 보냈고, 그리고 단체로 편지를 받아서 하나씩 골라서 각자 받은 편지로 답장을 하며 펜팔을 시작하였다. 그 중 인근 학교의 2학년 남학생과 편지를 계속 주고받게 되었다. 나는 당시에 선생님에 대한 사랑의 마음으로 세상이 너무나 아름다웠기에 그런 내용으로 편지를 썼었고, 편지를 받았던 남자 친구는 처음에는 내가 잘 보이기 위하여 거짓으로 지어낸 글일 것으로 생각하였으나 1년 넘게 편지를 하며 내가 썼던 편지 내용이 사실이고 '이런 아이도 있구나' 하며 나에게 관심을 가지게 되었다고 한다.

1학년 마지막 수업 시간에 더 이상 선생님을 보지 못할까 하는 마음과 내 마음을 표현해야지 하는 맘으로 교탁 앞에 나가서 Caro mio ben(오! 내 사랑)이라는 이탈리아 가곡을 입술이 덜덜덜 떨리면서도 마음을 담아서 불렀고, 짝지였던 반장이 옆에 앉은 선생님께 "저 노래 선생님께 하는 노래"라고 이야기하여 내 마음을 표현하였다.(얼굴이 또 얼마나 빨개졌던지)

부끄러움이 정말 많은 나였는데 선생님을 사랑하며 그런 용기를 내다니 사랑의 힘은 정말 대단함을 경험했다. 그리고 2학년 때 선생님은 우리 담임선생님이 되셨다(3학년 때도). 첫 면담을 할 때 선생님께서 미소를 지으시며 마지막 그 노래에 대하여 왜 그랬는지 물으셨다. 선생님께 표현을 하고 마음 정리하고 2학년 때부터는 공부에 전념하고 싶어 그랬다고 했다. 면담에서의 선생님의 미소가 아직도 좋은 기억으로 남아 있다.

1학년 때의 사랑에 대한 많은 고민을 정리(선생님이 행복해야 해)를 하고, 내 마음을 표현하였기에 2학년, 3학년 고등학교 생활이 즐거웠으며 담임선생님이시라 나의 모든 성적을 아시기에 공부를 더 열심히 하였고, 매일 보았기에 1학년 때처럼 얼굴이 빨개지는 일은 없었던 것 같다.

1년을 편지를 하였던 남학생을 그다음 해 2월 종업식 하는 날 처음 만났던 것 같다. 집으로 가는 길에 친구랑 같이 잠깐 만났고, 집으로 가는 길에 잠깐 시간 낸 것에 대하여 자존심이 좀 상한 것 같은 느낌이었는데 참으면서 몇 마디 대화를 했고, 나는 미안해서 호주머니에 있던 동전 모양의 조그만 초콜릿 두 개를 건네주었다.

남자 친구가 된 후 초콜릿이 하나가 아니고 두 개였고, 그 두 개로 내가 정이 많은 아이 같아 계속 만나고 싶은 계기가 되었다고 한다. 남자 친구는 책을 많이 읽고 그에 관한 이야기를 많이 편지에 담았기에 그것이 좋았으며, 읽는 책이나 독서의 깊이가 나보다 나은 것 같아 나도 지적인 모습을 보이고 싶었기에 학교 도서관에서 책을 많이 빌려 읽었고, 도서관 사서 봉사를 하였기에 책을 가까이 할 수 있었다.

겉봉투에 마지막 편지라고 쓰인 편지를 받았을 때도, 나는 편지를 받는 그 자체가 좋았기에 그 편지가 좋았다. 1학년 차이라 고3은 열심히 공부에 집중해야 해서 편지를 그만하겠다 하는 것이었다. 나 또한 학생이 최우선으로 해야 하는 것이 공부라 생각했기에 그렇게 하자 하였는데 3개월 정도 연락 없다가 내가 없으면 안 되겠다고 하면서 편지가 다시 왔다. 그리고 학교 하 굣길에 나의 모습을 먼발치에서 보았다고 하였다. 남자 친구의 나에 대한 사랑이 그때부터 시작되지 않았을까 싶다. 나는 나의 고3이었던 시간에 내 공부가 중요하여 편지나 만나는 것을 그 만하자 하고 싶었지만, 표현을 못 하였기에 군대를 빨리 다녀오 는 것을 권했고, 남자친구는 군대에 갔다.

내가 대학생이 되고 보니 내 말을 듣고 일찍이 군대 간 그 사람 에게 미안했고, 내 마음속에 사랑이 아닌 인간적인 정으로 만나 고 있던 그 마음이 더 양심에 찔렸다. 나의 진심을 이야기하면 그 사람 마음이 다칠 것 같은데, 그렇다고 계속 만나자니 그것 도 불편했다. 군대 있어 휴가 때만 보았기에 내 마음을 정리할 수 있는 시간이 있었고, 내 마음이 사랑의 감정이 아니라는 것 을 꼭 이야기하고 싶었다. 그즈음 학교의 자아성장프로그램을 참여를 하였고, 거기서 만났던 어떤 언니와 가까이하면서 생각 만 하던 나는 말을 할 수 있는 용기를 갖게 되었고, 남자친구에 게도 솔직하게 이야기를 하였다. 그때 꾸었던 꿈이 두 손으로 잡아도 손에 넘치는 두께의 두껍고 긴 머리카락 뭉치를 내 입속 에서 꺼내는 꿈이었고, 속이 후련한 꿈이었다.

꿈에서의 그 홀가분함처럼 내 마음을 남자친구에게 이야기한 후 양심을 누르고 있었던 돌덩어리를 치워 낸 듯 마음이 가벼워 졌다. 휴가 나올 때 짬짬이 만났기에 미안함은 덜했던 것 같다. 그리고 그런 표현을 한 후에 남자친구가 외려 좋아 보였고, 나에게 진정 사랑의 마음이 시작되었다. 군대에 있어 간간이 휴가 때만 보았지만, 선생님을 사랑했을 때처럼 심장이 두근거리는 설렘이 시작되었다.

사랑을 느끼고 두근두근 설레었던 그 시간의 행복한 추억들이 내 마음속에 있음을 푸드를 통하여 발견하였고, 잠시 그 시간을 다녀오며 그 기분으로 행복함을 느꼈다. 추억은 이래서 한 번씩 회상하는 것이구나 싶다.

 작품설명

비봉산 자락의 푸르름을 감과 잎사귀로 표현하였고 감을 자른 단면이 저와 제가 사랑한 선생님과 또 한 사람 남자친구를 상징적으로 두었고 세 사람의 속에서 내가 사랑을 하고 사랑을 받았던 그 사랑을 통하여 지금 내게 있는 많은 사랑을 펼치고 그 사랑의 힘으로 살아감을 표현하였고 제목을 "비봉산 자락" 에서라고 지었다. "사랑"이라는 부제목을 달고 싶다.

피드백

- 잎사귀가 공주님을 지키는 기사 같고, 감이 공주님 앉는 의자 같고, 주변의 것들로 보호를 받는 것 같다.
- 케일의 색감이 청동 거울 같고 비밀의 화원 느낌이 좋다. 남북정상회담 장면이 떠오른다. 감과 잎사귀가 봉황 같고, 분홍색이 무궁화 같고 약속을 정하는 회담 같다.
- 연상작용으로 자개농 같은 잎사귀(케일)에서 대칭성이 느껴졌고, 자개 장인이 정성스레 작품을 완성한 것 같으며, 청록색 잎(케일) 자개농의 숨겨진 아름다움이 생각났다. 정성스러운 작품이다.

■ 나의 느낌

'잎사귀가 공주님을 지키는 기사 같고, 감이 공주님 앉는 의자 같고, 주변의 것들로 보호를 받는 것 같다.' 라는 피드백에서 지켜 주는 기사란 말에 선생님은 믿음으로 나를 지켜 주셨고, 남자친구는 사랑으로 나를 지켜 주었고, 내가 보호받았던 것이 생각났다. 접시의 빛나는 빛이 지금도 내 안에 있는 빛같이 나에게 힘을 주고 있는 것 같다. 그 빛은 사랑에서 온 것 같다.

작품을 하면서 비봉산의 푸르름 아래 그 길을 수없이 걸었던 추억과 사랑해서 너무나 행복했던 기억, 이룰 수 없는 사랑이어서 가슴 아파하며 진정한 사랑이란, 인생이란 무엇일까? 삶에 대하여 물음표를 많이 던지고 결론을 내려갔던 지난날들이 떠올랐다. 작품 속에서 나의 인생의 핑크빛 구간, 풋풋한 사랑의 향기가 느껴진다. 세 사람, 그때 그 시절에 있는 그대로 그곳에 그 시간에 있어서 좋다. 추억이 숨겨두고 가끔 꺼내 보는 보석 같고, 볼 때마다 기분 좋은 보물을 찾은 것 같다.

내 마음 깊은 곳

〈내 마음 깊은 곳〉

20대를 성장 3기로 정하였다. 그전의 내가 살았던 것과는 다른 시작이었다. 새로운 사람을 만났고, 새로운 사상이 들어왔다. 겁도 많고 어떤 일을 시작할 때 그것을 해야 할지 말아야 할지 고민을 많이 하며 결정하기까지 시간이 오래 걸렸다. 그러나 나 한 사람의 희생으로 가족들에게 복을, 나의 조상의 업까지도 해결할 수 있다고 하였기에 나의 희생으로 우리

가족을 잘 되게 하고 싶어 결정하였다. 운명이었을까 나는 내 사랑하는 가족의 품을 떠나 생활을 하게 되었다.

그 당시의 키워드는 죄였다. 나의 선한 행동과 선한 마음, 남을 잘되게 하고자 하는 마음으로 기도하는 등 그런 것으로 나의 죄를 탕감하는 형식이었다. 지금 생각하면 죄를 없애고자 남을 잘되게 하고자 하였다고 하는데 과연 그랬을까 싶다. 인생을 돌아보며 다시 펼쳐보고 싶지 않은 구간이었다.

하지만 이 시간도 나였고, 그 시간을 통하여 잃은 것도 얻은 것도 있을 것이라 생각된다. 나의 마음은 가족들을 위한다고 했지만 겉으로 보인 행동들은 부모님과 가족들을 힘들게 하였고, 선행을 통하여 내가 깨끗해졌다고 생각이 들었으나 나는 여전히 내 안에 죄가 있음을 알게 되었다. 죄를 없애기 위한 애를 썼으나 좀 더 시간이 지난 후에야 사람의 힘으로 죄를 없앤다는 것은 한계가 있음을, 가능한 일이 아님을 알게 되었다. 물의 표면은 깨끗하나 막대기로 물을 저으면 밑바닥에 가라앉아 있던 더러운 것들이 올라오듯 나의 상태도 그러함을 알게 되었다.

작품설명

죄를 씻어내기 위하여 노력하였고, 그 죄를 하나하나 멀리 던져서(자색 양파) 가벼워지고 깨끗해졌다고 생각하였다. 깨끗하여짐을 중앙에 하얀 양파로 표현하였다. 하지만 하얀 양파 속에는 어두운색 묵과 조그만 고추씨로 내 마음속 깊숙이 있는 숨어 있는 죄들을 표현하였다.

 피드백

- 나가 되기 위하여 합류되는 영을 갖추는 듯, 편안하게 느껴진다.
- 접시에 반사된 하얀 빛이 양쪽으로 지켜 주는 느낌이다.
- 접시의 크고 작은 원, 회오리 8개와 접시의 원 2개, 총 10개의 원으로 완전히 이루어진 상태, 부족함이 없어 보인다. 다양한 크기의 원에서 다양한 모습이고, 이루어질 것은 다 이뤄진 듯하다.

■ 나의 느낌

내가 드러내고 싶지 않은 나의 과거이기도 하여, 작품을 어떻게 표현할지 생각을 할수록 마음이 무거웠었다. 그러나 피드백을 들으며 과거에서 다시 현재로 돌아온 듯하였고, 내 작품에서 내가 의도했던 것과 현재의 내 모습까지 읽어 주는 것에 또 놀랐다. 진정한 나를 알아가기 위한 과정이었던 것 같고, 마음속으로 나를 지켜 주시는 분을 빛으로 생각하며 표현하였는데, 그것을 읽어 주었다. 그리고 지금은 죄 문제를 해결하였기에 편안하며 부족함이 없고 다 이루어졌다는 현재의 내 상태를 잘 표현해 준 것 같다.

09 다시 태어나다

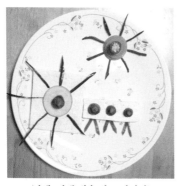

〈탄생, 탄생 빛을 받고 자라다〉

　　아이를 임신하고 나의 많은 것들이 바뀌기 시작
하였다. 그래서 그때부터 현재까지를 나의 성장 4기로 나누었
다. 아이란 나에게 내 생명과 같아 그전의 모든 것을 접고 아이
를 키우는 일에 전념하였다. 그리고 나는 부모님이 계신 나의
고향(진주)으로 돌아왔다. 내가 집을 떠날 때 우리 집의 종교는
불교였고, 굿을 종종 했으며 미신을 믿는 편이었다. 내가 집으

로 돌아 왔을 때는 모두 하나님을 믿고, 교회를 다니고 있었다. 어머니께서 나에게 하나님 말씀 듣기를 강권하였고, 그 당시 나에게도 믿는 것이 있었기에 싫었다, 한 번도 부모님께서 나에게 이렇게 강하게 무언가를 요구 한 적은 처음이었고, 우리 가족 모두가 이상한 종교에 빠져 있으면 안 되기에 한번 들어 보기로 했던 것이 시작이었다. 그 후로 1년 반 동안 특히 어머니와 종교적 갈등으로 힘든 시간을 보냈다. 어머니와 언쟁을 해 본적이 없었는데 그 1년 반은 정말 전쟁 같았고, 어머니께서는 죽기 아니면 살기로 나에게 성경강연회(하나님 말씀)로 끌고 가셨다.

우리 어머니께서 이런 분이 아니신데, 이렇게까지 하는 것은 그만한 이유가 있고 나를 위하여 그런 것 같은데 내 믿음이 내 마음대로 되지 않았다. 삶 가운데 마음이 가장 힘들었던 시간이었다. 거짓으로 어머니를 만족시켜 드리고 싶을 정도였다. 그리고 7번의 성경 강연회 말씀을 듣고서 비로소 하나님을 알게 되었다.

나의 인생이 다시 태어났으며. 하나님(빛)을 만났다. 비로소 나에게 평안함이 찾아왔다.

작품설명

큰 네모의의 고추는 나 자신이다. 큰아이를 낳고 새로운 빛을
만나 다시 태어나 "탄생"이고, 옆의 고추는 아이들 셋이 탄생
하여 "탄생"을 두 번 제목에 붙였다. 아이를 낳고 기르면서 어
른이 된다는 옛말처럼 아이들을 낳고 육아의 힘든 과정을 통
하여 성숙하며 성장해가는, 진정 엄마가 되고 자라고 있는 나
를 표현하였다. 나를 이끌어 주는 빛(당근 위의 고추), 그 빛을 받
아서 자라고 있는 각각의 세 아이까지 고추를 두 가닥씩 붙여
서 자라고 있음을 표현하였다.

 피드백

- 복의 노랫소리가 귀에 퍼지는 느낌과 태양의 빛남이 어우
  러지는 것으로 보이고 가정의 밝고 따뜻한 분위기가 연상
  된다.
- 태양의 빛과 에너지를 받고 만개한 꽃 한 송이와 꽃 피우
  기 위한 준비를 하는 꽃봉오리 3개로 보인다. 초록의 새
  봉오리가 싱그럽고 생명력이 느껴진다.
- 미지의 생명체가 우주선을 타고 안착을 해서 뭔가를 뻗어
  내려는 힘이 느껴진다. 고추의 빨간 줄이 너무 강렬하다.
  주위에 내 힘을 뻗어 나가려고 사력을 다하는 것 같은 느
  낌이다.

■ 나의 느낌

나에게 소중한 세 아이가 빛을 받으며 어떻게 꽃을 피울지 기대
가 된다. 빨간 고추 줄이 뭔가를 뻗어 내려고 힘을 다하는 것
같은 모습이란 피드백에서 그 고추 줄이 무언가 열심히 하려는
내안의 의지, 의욕 같기도 하고 열정 같게도 느껴졌다. 내안에
에너지를 발견하고 또 힘을 얻는 시간이었다.

 작품을 만나면서 또 다른 것이 보였다. 태양이고 빛으로 표현
하였던 당근위의 고추가 남편같이 보였다. 남편과 나, 서로 다
른(당근과 애호박위의 고추 둘) 두 사람이 같은 색의 빛을 내기 위하
여 서로 노력하였고, 그 결과 세 자녀를 선물 받은 것 같다.

나와 세 아이들은 두부의 영양분을 받아서 잘 자랄 것 같으며,
남편은 당근의 영양분으로 빛을 낼 것 같다. 남편과 내가 생각
의 차이가 분명이 있고, 푸드를 통하여 그것이 자꾸만 보였다.
나와 다르지만 충분히 빛나 보였다. 남편을 바꾸고 싶었던 내
마음을 내려놓고, 지금 그대로의 남편을 더 존중하고 사랑여야
겠음을 다짐하는 시간이기도 하였다.

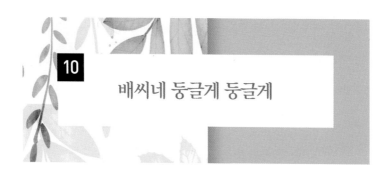

〈배씨네- 둥글게 둥글게〉

남편과 가정을 이룬지 15년째 접어든다. 육아를 하면서 남편과 다툼이 있거나 남편으로 인하여 맘이 좋지 않을 때 "어이구, 이 배 씨"라고 말을 했었다. 3단어로 된 이 말속에 나의 나쁜 마음을 다 실었기에 욕과도 같은 말이었다. 남편에게 미운 마음이 들 때에 더하여 아이들까지 말을 듣지 않을 때, "배씨들"이란 말로 나의 기분 나쁜 감정들을 쏟아 내었었다.

남편이 미우면 그 감정을 아이들에게 이입시켜 자녀들에게 화를 내거나 매를 들어 감정을 푼다는 이야기를 들은 적이 있었는데 나에게도 비슷한 감정이 올라옴을 알아차리고 정신이 번쩍 들었다. '남편은 남편이고, 아이들은 아이들이지' 하며 그 감정을 분리하고자 노력하였다.

지금은 "배 씨들" 이란 말을 쓰지 않는다.

"그래, 나는 배씨네 집안사람이야"

남편을 집안의 가장으로 중심에 두고, 나를 내세우지 않고, 남편과 한마음이 되어 더 행복한 가정을 이루기를 다짐을 하는 푸드 활동이었다.

푸드 작품을 하며 부정적이었던 그 단어 "배 씨"에서 "배 씨네"로 바꾸었는데 그 느낌이 180도 다르다. 따뜻하고 정감이 느껴져 배 씨네란 말이 계속 쓰고 싶어진다.

그리고 또 하나의 선물이 있었다.

작품에 푸른 방울토마토를 3개를 놓을까, 4개를 놓을까 마음속에 갈등이 있었다.

푸른 방울토마토는 나의 자녀들을 표현하는 것이었는데, 이때

임신을 한 것을 알게 되었기 때문이다. 5년 터울로 세 아이를 낳았고 중간의 유산도 2번이나 있었다. 쉽게 아이들이 생기지 않았기에 생명은 사람이 주관할 수 있는 것이 아니라 신의 영역이고, 그래서 더 존귀하게 선물로 받았었다. 10년을 거쳐서 생명에 관하여 깨달았다고 생각했었는데 넷째가 생기면서 나의 깨달음이 완전 산산조각 난 듯 했다.

'내 나이 42살인데, 아이도 셋이나 있는데, 이 나이에 또다시 육아를 시작해야 하다니……. 셋째 키우고 이제는 하고 싶은 공부도 하고, 조금 자유롭고 나를 위한 시간을 더 갖고 싶었는데…….' 짧은 순간이었지만 이런 마음을 먹었다는 것이 내 마음을 더 괴롭게 하였다.

복잡했던 내 마음을 정리하고 4개의 방울토마토를 놓았고, 넷째를 감사의 마음으로 받아들이는 시작점이 되었다. 그 계기로 주변에 넷째 소식도 전하고 많은 축하를 받았다. 푸드를 통하여 많은 것을 선물 받아 감사한 마음이다.

작품설명

빨간 토마토는 남편과 나, 초록 토마토는 우리 아이들이다. 고
추씨로 배 씨를 표현하였고, 사랑이 가득하고 동글동글 화목
한 가정을 희망하며 작품을 만들었다 붉은 고추로 만든 하트
는 내 안의 사랑이 넘쳐 우리 가정을 따뜻하게 하기를 바라는
마음을 담았다

 피드백

- 한 해의 결실을 탐스럽게 한 바구니에 담아 둔 것 같다.
  실에 꽃과 열매를 엮어 아름다운 배 씨네 가문의 팔찌와 목
  걸이를 만들면서 가족이 도란도란 이야기하며 웃음이 끊이
  질 않는 듯하다.
- 상상만으로도 그림 같은 정겨운 모습에 마음이 따뜻해
  진다.
- 선물로 이웃들에게 사랑과 행복을 나눠줄 것 같다.

■ 나의 느낌

피드백을 통하여 회기가 끝나가는 지점이라 결실을 담은 바구
니란 말이 마음에 와닿았고 그 결실로 새 생명을 선물 받은 것
같다. 태어날 아이도 함께 도란도란 이야기하며 웃음꽃을 피울
그 시간을 상상하며 나의 마음도 따뜻함으로 가득 채웠다.

Epilogue
에필로그

〈하늘 그리고 나〉　　　　　　〈여백의 미〉

　　내가 원하고 바라는 것들, 나이가 들면서 가능하지 않은 줄은 알지만, 그 마음을 버리지 못했다. 이 작품은 내가 좋아하는 해와 달과 별 그리고 그 속의 방울토마토를 나로 표현하였다.

작품을 변형이 하고 싶어 가운데 둥근 테두리를 모두 덜어내고 비로소 이 작품이 만족스러웠다. 이무기가 여의주를 두 개 가지고 있어 무거워서 승천을 못 한다는 이야기가 떠올랐다. (여의주 하나 버리면 승천할 수 있는데) 내 안에 있는 욕심들, 하고 싶은 것들, 놓지 못하는 많은 것들이 생각이 났다. 이제 나도 버리는

"비움"이 꼭 필요하겠음이 깨달아졌다. 나를 알아차리니, 변화가 시작되었다. 버려야지 하면서도 잘 되지 않았던 것이 하나씩 정리되고 버리면서 가벼워지고 여유로워지는 나를 경험하고 있다.

이 모임은 오로지 '나만을 위한 시간'이었고, 휴식 시간 같았다. 나를 위한 시간이 정말 오랜만이었고 그 시간을 통하여 충분히 쉬고 삶의 많은 에너지를 충전한 것 같다. 함께 해 주신 마음이 따뜻한 선생님들께 감사드리며, 함께 하였기에 이 글도 마무리할 수 있어 또 감사하다.

참 고맙습니다

용혜원

내 속마음을 알아주니

그 넓은 이해해 주는 마음이

참 고맙습니다.

내 사랑을 다 받아 주니

그 푸근하고 따뜻한 배려가

참 고맙습니다

내 말을 잘 들어주니

그 열어젖힌 마음의 겸손함이

참 고맙습니다

나의 모든 것을 인정해 주니

그 한없이 여유로운 마음이

참 고맙습니다

나의 모자람조차 칭찬해 주니

그 부족함이 없는 넉넉한 마음이

참 고맙습니다

나와 늘 항상 함께하여 주니

그 곁에서 동행해 주는 마음이

참 고맙습니다

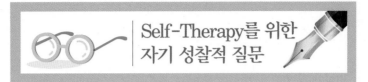

1. 내 인생에서 기억나는 아주 즐겁거나 행복했던 순간은?

   1) 그 때의 기분과 감정과 그 상황으로 인하여 내가 영향을 받은 것은 무엇인가?

   2) 지금 그 순간을 회상하며 드는 감정이나 느낌은?

   ----

2. 내 인생에서 기억하고 싶지 않은, 지우고 싶은 순간이 있다면?

   1) 그 순간이나 그 시간을 통하여 내가 잃어버린 것은 무엇인가?

   2) 그 순간이나 그 시간을 통하여 내가 얻은 것은 무엇인가?

   ----

3. 내가 내 인생을 다시 되돌릴 수 있다면 어느 시점으로 돌아가고 싶은가?

   1) 되돌아간 그 시점에서 가장 하고 싶은 것은 무엇인가?

   2) 하고 싶은 것을 하였을 때, 내 모습은 어떨까?

   ----

4. 지금 내가 달라지고 싶거나 되고 바꾸고 싶은 내 모습이 있다면?

   1) 달라진 내 모습으로 살고 있는 나를 본다면 어떨까?

   2) 달라질 나를 위하여 지금 시작할 수 있는 것은 무엇일까?

Contents
차례

성인혜(별칭 : 네모네)

• 푸드표현상담사 1급
• 한국에니어그램협회 교육강사 2급
• 한국에니어그램상담학회 전문상담사 2급
• 회복적정의전문가 2급
• 상담학습전문공동체 '왕자와 공주' 17기
• E-mail. ihfeel@naver.com

제4장

숨, 박동(搏動)하다

성인혜
푸드표현상담사 1급

숨 쉬는 것이 기적이 될 수 있을까?

숨을 삼키던 나는, 숨을 내뱉어도 된다는 것을 알게 되었다.

숨을 숨기던 나는, 숨을 내쉬고 비로소 편안함을 느꼈다.

이곳은 내 숨으로 살아도 되는 곳 같다.

내 숨대로 머물러도 되는 곳이리라.

숨 쉬는 것이 기적으로 다가오는 시간들이었다.

'내 숨' 은 표현이다.

깊은 한숨 안에서만 맴돌던 '나' 를 꺼내도 된다는 '이끎' 이다.

깊이 쉬어도, 짧게 끊어 쉬어도 괜찮다.

그대로, 그냥 숨 쉬면 된다.

또 숨을 삼키고 싶고, 다시 숨을 숨기고 싶어도 된다.

내 숨대로 사는 거다.

나, 숨으로 살다

01

나는 숨 쉬고 싶다.

〈유쾌하게 진실되게 따뜻하게〉

나는 유쾌하고 싶다.

좌르르 쏟아지는 찬연한 빛깔의 소리를 내고 싶다.

내 초심의 싹을 키우고 싶다.

진실한 씨앗에서 싹튼 초심의 새싹을 푸르게 지키고 싶다.

묵직한 솜이불처럼 은근한 따뜻함을 품고 싶다.

무거운 침묵 같은 차가움이

은근한 온돌 안에서 따뜻함을 품는 것처럼.

낯설고 이상할지라도,

규정지어지지 않는 모양의 세상과 만나고 싶다.

 작품설명

내가 숨 쉬고 싶은 '이곳'에서 나는 어떤 존재이고 싶은가?
'지금 여기'. 각자의 세상을 안고 우리는 만난다. '나'의 연대
기가 '우리'의 연대기가 될 것이다. 진실하게 따뜻하게 유쾌
하게 '나'를 '우리'를 만나고 싶다. 초코볼은 '유쾌함'을 새싹
은 '초심'을 떠올리게 한다. 지금 여기에서 '촤르르' 쏟아지는
색색의 초코볼 같은 유쾌한 '나'가 되어 보고 싶다. '진실하게
나를 보기, 다른 존재들을 진심으로 바라보기, 나를 표현하기'
라는 초심의 싹을 지키려 한다. 이제 우리는 하얗고 묵직한 솜
이불을 함께 덮는다. 첫 느낌은 차갑고 무겁지만, 우리의 체온
으로 점점 따뜻해지리라. 그 연결의 모습은 다양하고 낯설어
도 좋다. 규정짓지 않고 그저 만나고 연결되고 싶다.

푸드매체

- 초코볼의 규칙적이지 않은 모양과 다양한 색감이 밝은 분
위기를 더해준다.

- 새싹은 생명력과 가능성의 의미를 더해주며 세심하게 표현된다. 다양한 색과 질감을 가진 야채와 버섯으로 복합적인 감정을 표현할 수 있다.

피드백
- 휴양지로 가는 비행기, 유쾌하고 기대되고 기분 좋은 떨림이 느껴진다.
- 많은 것을 품고 날아가는 새의 모습 같다. 타 보고 싶다.
- 블랙홀처럼 모든 것을 끌어 들일 것 같다. 치명적이다.
- 안드로메다 은하에서 온 우주선같다. welcome to 지구.

■ 나의 느낌

'응원' 같고 '지지' 같은 피드백에 가슴 저 밑에서 묵직한 떨림이 퍼진다. 감정의 늪 같은 울렁거림이 찾아올 때 나는 저 밑으로 가라앉았다. 지금 이 묵직한 떨림은 긍정의 에너지를 퍼뜨린다. 오늘의 긍정적 울렁거림을 기억하고 불현듯 찾아오는 감정의 울렁거림을 이제 그냥 맞이할 수 있다. "지금의 울렁거림은 무엇 때문이야? 이 감정의 이름이 무엇이니?"

'가벼운 나, 있는 그대로 느끼는 대로 표현하는 나, 피하지 않고 성장하는 나' 이고 싶다.

02 첫 숨, 축복으로 연결되다

첫 숨은 울음으로 터진다.

〈그리고 나〉

〈축복합니다〉

울음으로 터진 첫 숨은

'엄마의 탄생',

'엄마의 출산이자 나의 탄생',

'나의 출산이자 나의 아이들의 탄생' 으로 이어진다.

딸만 셋을 낳은 엄마에게

넷째 딸의 울음은

엄마의 울음으로 이어졌을지도 모른다.

산산이 깨진, 귀하지만 슬픈 탄생.

나에게 남아있는 존재의 슬픔이

아이들에게 이어질까 두렵기도 했지만

나의 임신과 출산은 늘 충만함이었고 행복과 경이로움이었다.

네 아이의 첫 숨은 축복이었다.

산고도 잊게 하는 축복.

첫 숨으로 연결된 나와 엄마의 울음도 축복이었으리라.

엄마의 숨을 이어받은 나의 첫 숨은 축복이다.

나의 빛은 드러나도 좋다.

 작품설명

엄마의 탄생, 엄마의 출산과 나의 탄생, 나의 출산을 하나의
'탄생' 으로 연결하고 싶었다. 나는 엄마의 옛날이야기로 나의
어린 시절을 기억하고 느낀다. 넷째 딸, 나의 탄생은 엄마에게

불행과 고통이었을지도 모른다. 엄마에게서 나에게로 스며든 '존재의 슬픔'이 나의 아이들에게도 전해질까 두려웠다. 나의 출산은 축복과 감사, 기쁨이었다. 하지만 그 뒤를 따라오는 측은함과 안타까움. 한 덩어리가 되어 분리되지 않아서 그게 다 내 마음인 줄 알았다. 측은함과 안타까움은 엄마와 내 아이들을 향한 마음이 아니라 내가 나에게 느끼는 마음이었다. 지금 나에게 주는 미안함과 위안의 눈물은 흘릴수록 가벼워지고 따뜻해진다. 있는 그대로 존재하고 축복받는 귀한 탄생을 표현했다. '탄생'의 축복을 나의 아이들에게, 나에게, 엄마에게 보내고 싶다.

 푸드매체

계란이 표현할 수 있는 '탄생'의 의미는 다양하다. 거기에 잡곡은 세밀한 감정 표현을 더한다. 생명력이 느껴지는 나뭇잎, 다채로운 빛깔의 파스타는 표현의 폭을 넓혀준다.

 피드백

- 녹색 바탕의 안정감이 느껴진다. 까만 쌀알에서 아픔이 느껴진다. 알이 태어나지 않은 느낌이다. 궁금하고 마음이 쓰인다. 주위 에너지가 그쪽으로 모이는 것 같다.
- 거꾸로 보니 호기심 어린 눈 같다. 변화를 겪은 후 '잘 왔네~' 하는 신남이 느껴진다.

■ 나의 느낌

까만 쌀알의 아픔을 엄마가 아닌 내가 안고 있었던 건 아닐까 싶다. 엄마의 삶, 감정을 '나'로 우리 딸에게로 안고 가려고 했던 건 아닐까. 네 남매의 임신과 출산은 충만함이었고 편안함이었다. 그 느낌을 그대로 느껴본다. 이제는 편안하고 홀가분하다. 엄마와 나의 탄생과 그 삶을 축복합니다. 엄마께로 모든 축복을 보냅니다.

03 들숨, 빛나는 날숨이
되려 하다

들숨, 들숨, 들숨. 날숨은 참 어렵다.

〈보석 네모〉

〈빛나는 존재 빛나는 오늘〉

둥글게 살고 싶지 않아서 네모이고 싶었다.

나는 사람들이 각각 정해진 모양이 있는 줄 알았다.

다른 사람들의 모양이 빛나 보여서 나의 '싫은 동그라미'를

부정하면 '네모'가 가치 있게 느껴질 줄 알았나 보다.

어렵게 찾아낸 네모는 지금 여기 '네 아이의 엄마'로 살고 있었다.

나는 이제 '네모'가 그냥 좋다.

길쭉한 오이인 줄만 알았는데 다양한 모양으로 변하고 있었다.

나의 네모에서 둥글어지는 동그라미,

조각을 내보니 빛나는 보석이 되었다.

짙은 초록빛 껍질을 벗겨내니 환하게 빛난다.

하나하나 보석이 되고 내가 된다.

빛나는 나를 발견한 지금, 숨 쉴 때마다 연결선이 늘어난다.

연결됨으로 더 짙어지는 빛.

황금빛 연결선들이 따뜻하다.

지난 나의 들숨들이 빛나는 보석으로

내뱉어지는 '지금'이고 싶다.

 작품설명

'네모'라는 별칭을 오래 써왔다. 내 인상이 둥글둥글 편안해 보인다는 말을 많이 들었다. 둥글둥글한 건 내가 아닌데, 그렇게 사는 게 싫었다. 각지고 뾰족하고 달라 보이고 싶었다. 동그라미를 버리면 네모가 되는 줄 알았다. '난 네모야~' 만족하며 살았다. 거기에 '네 아이의 엄마'라는 의미까지 더해져 네모가 좋아졌다. 그런데 모양은 그냥 모양일 뿐. 나는 원래 다양한 모양을 지니고 있었다. 동그라미에서 네모로, 네모에서 다시 동그라미로, 그리고 보석으로. 늘 변하고 있고 빛나고 있다. 지금의 '네모'로 빛나고 싶다.

 푸드매체

오이는 초록색의 톤이 다양하다. 길쭉한 모양을 통으로 사용할 수도 있고 부분으로 나누어 여러 형태로 표현하기 적합하다. 황금팽이버섯의 색감은 따뜻하고 명암 표현이 가능하다.

 피드백

- 반딧불이가 지나간 흔적 같다. 지나간 길마다 빛이 되고 보석이 되어 비춰주는 느낌이다.
- 큰 바다에서 잡아 온 다양한 물고기들을 전시한 모습 같다.

■ **나의 느낌**

푸드 표현을 시작할 땐 '무엇을 어떻게 표현하지?' 막연하다가 푸드 재료를 하나하나 썰고 접시 위에 놓고 있으면 마음이 편안해진다. 별칭 표현을 여러 번 해보았는데 이번 푸드 표현을 할 때는 마음이 편안하지 않았다. 왜 그런지는 잘 모르겠다. 나에 대한 자신감이 없나? 피드백을 들으면서 비로소 편안해진다.

이제 나를 믿어볼까? 나를 표현해 볼까?

이제 나의 빛을 믿어볼까? 따뜻해진다.

04 존재, 자기의 숨을 불어넣다

나무의 숨은 우리의 숨이 된다.

〈한량, 나무로 살다〉

〈우리로 뿌리내리다〉

동글동글 닮았지만 부서지기 쉬운 원가족의 뿌리 위에

아빠는 자리를 잡았다.

존재로서의 삶은 떠도는 한량처럼 허했지만,

집안의 기둥으로 삶을 살아내신 아빠는 참 흔들리지 않았다.

그 뒤에서 엄마가 아빠의 뿌리와 기둥을 지탱하고 있었다.

그 힘으로 넓게 가지를 뻗쳐 여섯 딸의 결실을 맺었다.

그 가지를 오르내리며 여섯 딸은 나무 그늘을 그대로 닮아간다.

이제 세월과 믿음으로 뿌리내린 나무는 우리에게

귀한 숨도 보태려 한다.

 작품설명

아빠를 가족의 삶 안에서 부정적인 존재로 보기도 했다. 엄마의 시선으로, 엄마의 한탄섞인 이야기로 만들어진 아빠의 모습을 그대로 받아들여 내 안에서 그 부정성만 확장 시켰다. '아버지'를 푸드로 표현하면서 남편, 아빠가 아닌 '성승현' 존재로서 그대로 보고 싶었다. 아버지의 삶을 엄마의 삶, 나의 삶, 가족들의 삶과 분리해서 바라보고 싶었다.

아빠가 참 좋아했던 동그란 전병은 아빠 삶의 근원이자 뿌리가 되는 할아버지, 할머니, 큰아버지이다. 아빠의 삶은 늘 그들을 향해 있었다. 자기를 희생하고 내려놓고 그들을 받아들이는 삶을 사셨다. 한때 방황의 삶 안에서 맴돌던 아빠는 엄마를 기반으로 늘 솟아올랐다. 그 세월을 함께 버텨낸 아빠와 엄마는 뿌리를 함께 내렸다. 아빠의 삶은 넓게 가지를 뻗치는 나무 같다. 자신이 탐색한 넓은 세상을 보여주셨다. 우리 여섯 딸은 아빠 나무의 결실이자 그 나무의 영향력을 지금도 받고 있다. 거기에 귀한 숨까지 보태주려 하신다. 부지런하고 모범적이고 삶의 지침이 되는, 신념과 예의와 진심의 나무이다.

푸드매체

어릴 때 가족들과 연탄불에 구워 먹던 쫀듸기, 한 알만 있어도 든든했던 소중한 알사탕, 가족들과 팀을 나눠 게임을 하고 진 팀이 사오던 붕어빵, 아빠가 참 좋아하시던 전병을 사용했다. 술에 취해 간식을 안고 돌아오는 아빠는 달달하고 푸짐한 사람이었다. 추억의 간식이 곧 아빠 같다.

피드백

- 바오밥나무, 양분이 차고 넘쳐 열매가 후두둑 떨어지는 것 같다.
- 새로운 세상으로 가려는 몸부림 같다. 힘차게 솟아오르는 희망, 긍정 에너지가 느껴진다.

■ 나의 느낌

존재로서의 아버지, 존경합니다. 당신이 없는 삶이 이제 두렵지 않습니다. 당신처럼 당신을 닮아 저도 이제 제 삶에 뿌리내릴 수 있습니다.

05 매운 숨, 꽃으로 뿌리를 내리다

꽃이었음을 잊은 꽃, 쓰고 매운 뿌리가 되었다.

〈정경선, 엄마, 경준네〉

〈그대로 꽃〉

피지 못한 꽃봉오리,

조용하지만 제 소리를 내고

머물러 있지만 멈추지 않고

바라지만 재촉하지 않고

지혜롭지만 이끌지 않고

갈구하지만 욕심내지 않는

그대로 꽃,

엄마 정경선 경쭌네

강한 사랑의 숨으로 꽃 피우다.

 작품설명

엄마의 이야기는 잔잔하지만 참 역동적이었다. 7남매 중 막내 딸. 사랑 안에서 자란 당돌하고 재미있는 이야기꾼. 하고 싶은 것도 많고, 궁금한 것도 많고, 지혜로운 삶을 사신 엄마. 억척의 삶을 고고한 소신으로 살아내신 엄마. 아쉬움을 안고 살지만 지금도 소망을 품고 꿈꾸는 엄마. 여전히 자기 자리에서 강한 울타리를 지키는 능력 있는 엄마. 피지 못한 꽃봉오리는 엄마다. 그 안에 가득 차 있는 엄마의 자원, 늘 갈구하던 그것은 밖에 있지 않고 엄마에게 원래 있던, 엄마에게서 나왔던 것 같다. 당신과 결이 다른 아빠(토마토)를 평생 사랑하신 엄마. 사랑받는 막내딸로 태어나 결혼을 하고 남편의 오지 않는 사랑을 한탄하며 자신은 매운 삶을 사셨지만 여섯 딸(당근)들을 있는 그대로 바라봐 주시고 기다려주셨다. 자신의 몸을 여섯 조각 내어 여섯 딸에게 각각 뻗치고 계셨다. 우리를 키워내듯 풀꽃을 정성들여 키우시고 사랑하셨다. 그 풀꽃들 옆에 그대로 꽃으로 피어 있었던, 사람을 살리고 지키는 쓰고 매운 뿌리꽃, 우리 엄마.

🍪 푸드매체

엄마가 잘 키우고 잘 살려내고 사랑하던 식물(야채, 새싹)은 엄마
의 삶을 표현하는데 참 적합하다.

🍪 피드백

- 당근은 달이 차오르는 모양 같다. 고추는 달과 연결되어 있다.
  적채 속의 영양분이 넘치다 못해 흘러나온다. '차오르다.'
- 달빛의 지속적인 순환. 칠흑 같은 어둠을 밝히는 은은한 빛
  이다. 달의 영향으로 땅 위의 생명들이 피고 진다. 자신을
  흩뜨린 적 없는 존재, 화수분 같다.

■ 나의 느낌

'사랑'으로 태어나 잘 자랐지만 결혼이란 이유로 매운 사랑 안
에 갇혀 버린 '엄마'인 줄 알았다. 잡히지 않는 무언가를 늘 갈
구하며 자신의 자리에서 '고고함과 소신'의 삶을 살아 낸 엄마.
그 삶을 받아들이고 스스로 편안함을 찾을 줄 아는 사람.

이제 스스로 행복해지시기를.

이제 자기 안에서 충만하고 행복하기를.

"엄마 삶 속에 내가 있어 감사합니다."

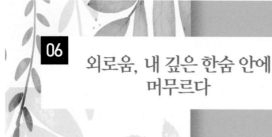

06 외로움, 내 깊은 한숨 안에 머무르다

외로움 안에서 허우적대다.

〈연결된 외로움〉

7살 언니의 유치원 간식을 기다리는 4살의 나,

엄마와 함께 동화책을 읽는 6살의 나,

수박 반 통을 안고 엄마를 기다리는 7살의 나,

배가 아파 결석을 한 날 마당에 오도카니 앉아 있는 9살의 나.

그 추억은 '외로움'으로 지금에 연결된다.

나의 심장은 연결되어 있지만 외롭다.

사랑과 외로움의 결은 다른 듯 같다.

외로움 안으로 빨려 들어가는 만큼 사랑도 소용돌이친다.

사랑은 연결을 원하는데 외로움도 연결되어 있다.

한숨으로 머물러 있던 외로움이 이제 사랑으로 연결되려 한다.

 작품설명

나의 성장기(유년기)를 돌아보는 동안 떠오른 것은 네 장면이었다. 함께 떠오른 감정은 '외로움'. 그 감정을 느낀 순간, 현재의 나도 외로움에 휩싸이는 느낌이었다. 그때의 '나'에게 '사랑'을 주고 싶다. 나의 심장은 분명히 연결되어 있는데 외롭다. 다른 이들도 그러할 것이다. 각자의 심장에 같은 방향으로 꽂혀있는 사랑과 외로움이 있다. 사랑과 외로움의 결은 다르지 않을 것 같아 색은 다르지만 같은 방향으로 꽂았다. 연하고 순수한 심장(밀가루 반죽)에서 뻗쳐 나오는 우리의 감정들은 서로 닿으려 하고 연결되어 있다. 자기대로 사랑하고 자기대로 외롭지만 연결되어 있을 것이다.

 푸드매체

밀가루 반죽의 촉감은 표현하는 동안 안정감을 주는 동시에 다양한 감정도 느끼게 한다. 오색의 색감까지 더해져 감정의 화수분이 된다.

- 혼란스러울 정도로 여러 심상이 느껴진다. 가운데 심장이 그 출발점 같다. 강렬함이 꽂혀 있다. 내 심장의 상태를 충분히 느끼므로 다른 심장과도 연결되는 것이다.
- 만(卍)자. 연장된 선들이 모든 만물과 연결되는 느낌이다.

■ 나의 느낌

'외로움'은 자주 느끼는 감정이지만 오늘 나의 '성장, 유년기'를 떠올리며 더 짙어진다. 작년부터 '연결'의 경험을 하고 있다. 여전히 외로움이 느껴지지만 다른 이와 연결된다. 연결되어도 외로움은 느껴진다. '외로움'을 받아들이니 '사랑'도 찾아온다. 과거의 '외로움'을 지금의 '사랑'으로 연결하고 싶다. 한숨으로 머물러 있던 '과거의 느낌'들이 손님처럼 나를 찾아온다.

07
쉼, 삶이 멈추다

깊은 한숨은 잠깐의 쉼 같기도 하다.

〈지금으로〉

쉼 안에 멈추어 있던 과거의 '나' 가 지금의 '나' 로

이어지는 순간이다.

고독했던 나만의 연결

외면하고 싶던 인정 공허한 상실.

깊은 한숨으로 멈춰있던 나의 삶

머언 별빛이 이제야 나에게 닿는다.

다 그런거야.

그냥 그런거야.

그래 그런거야.

이제 고독하지 않고 외면하고 싶지 않다.

깊은 공허가 느껴지지 않아 다행이다.

 작품설명

나의 청소년기는 '연결, 인정, 상실'의 키워드로 떠오른다. 내 기억 속의 '그때'가 먼 별빛처럼 이제야 '지금'으로 이어진다. 쉼인 줄 알고 한숨만 내쉬던 '그때'를 그대로 받아들여 본다. 그때의 '연결'은 연결되어 있어도 늘 고독했다. 지금의 '연결'은 소중함을 품고 있다. 그때의 '인정'은 조금은 부담스럽고 받아들이고 싶지 않고 내세우고 싶지 않은 인정이었다. 지금의 '인정'은 충분히 빛나고 대견스럽다. 그때 중요한 누군가를 잃었던 '상실'은 모든 것이 무의미해지고 공허한 상실이었다. 껍데기만 떠다니는 느낌, '나'도 함께 사라져 버린 듯한 느낌. 지금의 '상실'은 진정한 나를 찾아 헤매는 상실이다. 그때의 '연결, 인정, 상실'을 지금 재구성해 내 안에 들여 놓는다.

푸드매체

과거의 경험, 감정이 '지금'으로 이어져 또 다르게 느껴짐을 표현하고 싶었다. 꼬리를 남기며 이어지는 유성 같은 별사탕. 별사탕의 다양한 색과 모양이 각 시기, 다른 상황 속 다른 감정의 '나'를 표현하기 적절했다.

피드백

- 우주 같다. 유성이 떨어지는 모습 같다.
  파도의 흐름을 타고 있는 서퍼 같다. 균형 있게 타는 모습,
- 물보라를 잘 타고 있다.
  변화무쌍한 도깨비불 같다. 인생이 좋거나 나쁘거나 다양하게 바뀔 수 있다. 이 도깨비불을 만나면 어떨까 기대감이 든다.

■ 나의 느낌

피드백을 듣는 내내 가슴이 콩닥거렸다. 몸이 따뜻해지고 재미있어 웃음이 난다. 요즘 나의 삶을 자꾸 휘젓고 있는 느낌이다. 다른 이들의 눈에는 쉼 안에 있는 듯 편안해 보였지만 혼자 허우적대며 깊은 한숨을 끝없이 쏟아 내고 있던 '나'를 휘저어 본다. 가라앉아 있던 것들이 빙빙 떠오르다 우수수 떨어져 내린다.

08

숨멎, 숨이 차오르다

빛나는 숨멎의 순간, 날개를 펴다.

〈부침(浮沈)〉

날개를 편다.

내가 가진 줄 몰랐던 날개가 펴진다.

나는 건지, 떠도는 건지 날개 위에 내가 서 있다.

숨이 찬다.

숨이 멎은 듯, 잠시 숨 안에 머무른다.

침잠(沈潛)과 부유(浮遊)의 오르내림 안에서

내뱉지 못한 숨이 차오른다.

나무를 만나고 숲을 지나고 산을 오르며 숨 고르기를 한다.

숨은 다시 나를 빙빙 돈다.

숨은 뿌리를 내리고 줄기를 뻗치고 잎을 펼친다.

그 숨으로 버틸 시간들을 맞이할 준비를 하는 것처럼.

 작품설명

나의 20대부터 결혼 전까지의 이야기이다. 키워드는 '자유, 사랑, 부침(浮沈)'. 푸른 잎 날개는 내가 갈구하던 '자유' 이기도 하고 뿌리내리지 못하고 떠도는 '나' 이기도 하다. 많은 사람들을 만나고 사랑을 받았고 사랑을 배웠다. 익명성의 도시와 대자연 안에서 나는 자유로웠다.

하지만 자유와 사랑 안에서도 '나'는 습관적으로 부침(浮沈)을 거듭했다. 도망 다니기도 하고 회피하기도 했다. 혼자 가라앉아 사라져 버리기도 하고. '퓨~' 물 밖으로 뿜는 숨 대신 멈춘 숨 안에 나를 자꾸 밀어 넣었다. 다시 산에 가고 산사람들을 만나고 자유와 사랑 안에서 나는 빙빙 돌다 숨 고르기를 했다. 차오른 숨으로 뿌리내리고 줄기를 뻗치고 잎을 펼쳤다. 지금까지 나를 지지하는 숨.

푸드매체

둘의 모양이 꼭 맞지는 않지만 파프리카와 양파로 입체적인 표현을 해보았다. 잎채소들은 변형하지 않고 있는 그대로 의미를 담아 표현하기 좋다.

피드백

- 자유로운 비행체. 잎이 안정적이다. 날아오르게 하는 원동력 같다. 용수철처럼 필요할 때 튀어 올라 비행할 것 같다.
- 예술작품이 공개되고 있는 장면 같다. 개막식처럼 조각의 형상이 드러나고 있다.
- 링이 위아래로 흐르는 순리가 느껴진다. 순환적이다.

■ 나의 느낌

나는 20대에 갇혀 빠져나오지 못했다. '찬란함'이라는 이미지에 갇혀 지금의 '나'를 부정했다. 하지만 그 숨으로 지금을 살아내고 있었다. 이제 과거에서 벗어나 현실을 바라볼 수 있다. 나의 부침(浮沈)은 여전히 거듭되겠지만 지금의 '나'가 좋다. 혹시나 용수철처럼 톡 튀어 오르는 '나'가 될지도.

09

우리, 따뜻한 숨을 열다

나를 열어, 보다.

〈I-열다〉

내가 배추 겉잎에 붙어 있는 애벌레인 줄 알았다.

나는 푸른 배추 겉잎에만 머무르려고 했다.

열어 보면 보이는 것을.

겉껍질을 벗겨내야 황금빛 내면이 보이는 것을.

황금빛 안에 사리처럼 쌓이고 있던

경험으로, 에너지로, 영향력으로 열매 맺은 내 숨들이

나를 받쳐준다.

그것들을 딛고 선 '나'는 이제야 조금 열어, 본다.

나에게 따뜻한 숨을 보내고 있는 아이들과 함께 자유롭기를.

나와 네 아이들의 '열다'.

'나'와 연결되고 세상과 연결되는 시간이 계속 이어지기를.

 작품설명

결혼부터 현재까지. 내 인생의 큰 전환점. 아픔에서 성장을 끌어낸 시간들. 억압에서 문을 찾아낸 순간. 끌림에서 선택을 한 순간. 열어야 했다. 내가 배추 겉잎에 붙어 구멍만 파고 있는 애벌레인 줄 알았다. 차올라오는 배추 속에 닿지 않으려 했다. 열어보고 싶지 않았다. 포도알은 나의 경험, 에너지, 영향력을 의미한다. 그것들을 딛고 선 '나'는 이제 조금씩 열고 있다. 나는 혼란스럽기도 하고 상처받기도 하고 도로 닫는 편이 낫다고 느끼기도 한다. 의문하기도 한다. 질문하기도 한다. 깨지기도 했고 깨기도 한다. 내 옆의 우리 네 아이들도 자신을 열어볼 수 있는 삶이 되기를. 나와 아이들의 '열다'

 푸드매체

탄생에 이어 내 인생의 전환점이 된 시기를 달걀로 표현했다. 스스로 탄생시키다.

- 하얀 배추가 깨끗하고 포근하고 신성한 산실 같다. 검은 포도가 알을 탄생케 하기 위해 온 힘을 다하고 나머지 네 알이 든든히 잘 받쳐줘서 알이 깨어난 듯하다. 나머지 알도 차례로 그렇게 깨어 나올 것 같다.
- 4개의 계란이 서로 조화롭다. 4개의 계란이 도와주는 역할 같지만 그들이 있어서 가운데 알이 더욱 튼실하고 안정적인 느낌이다. 계란 흰자가 흘러서 노른자와 함께 생동감을 느끼게 한다. '살아있는 하나의 신비한 꽃' 같다.

■ 나의 느낌

'지금' 이 나에게 함몰되는 동굴이 아니라 나를 만나러 가는 길이기를.

나와 아이들의 세상이 옅은 황금빛으로 조금씩 물들어 가기를.

나와 연결되고 세상과 연결되는 시간이 계속 이어지기를.

10

숨, 돌고 도는

숨은 돌고 돌아야 한다.

〈우리, 나로 존재하다〉

가쁜 숨을 주던 그가 돌아나간 '우리' 안에

여전히 가쁜 숨은 돌고 있다.

가쁜 숨을 혼자 쉬다

이제, 함께 호흡한다.

나는 늘 순환한다.

삶의 흐름 안에서 순환하는 나를 바라본다.

나는 늘 순환할 것이다.

돌아나간 그도, 아이들도 함께 순환할 것이다.

이제서야 꽃으로 보이는 부모님께 감사를 마음껏 보낼 수 있다.

비로소 나도 편안해진다.

따뜻한 숨이 열린다.

 작품설명

나의 선택으로 내가 연 문은 결혼이었고 이혼이었다. 이혼 이후 현재의 우리 가족을 표현했다.

'가족'의 변화가 있었다. 남편과 나의 관계가 분리되면서 현재 나의 가족은 나와 네 남매이다.

나의 부모님은 엄마로서의 '나'를 다시 낳아주셨다.

두 송이 꽃은 부모님. 나는 한 송이가 되었지만 두 송이의 몫을 닮을 것이다. 같은 근원(치즈)에서 태어났지만 각자 다른 네 남매. 모양도 빛깔도 크기도 맛도 다 다르다. '나'는 키위 껍질이다. 지금 다소 거칠지만 늘 순환하려 한다. 삶의 흐름(생크림, 바질페스토) 안에서 우리 가족은 각자의 모습으로 살아갈 것이다. 파티하듯 자신을 맞이하기를. 네 남매의 또 다른 근원, 아빠로 존재하는 그 사람에게도 우리의 삶의 흐름과 순환은 연결되기를. 그도 성장하기를.

🐞 푸드매체

색감과 질감이 다른 다양한 재료로 각자 다른 나의 가족을 표현할 수 있다.

🐞 피드백

- 보면 볼수록 살아있는 움직임이 느껴진다. 각각의 존재를 우주의 기운이 감싸 안는 듯하다.
  잠재력과 강한 기운이 느껴진다.
- 도깨비가 떠오른다. 도깨비의 해학이 전체 모습에서 느껴진다. 아바타에 오행이 나온다. 오행을 통달하는 수행의 과정이 떠오른다. 흐름이 변화무쌍하게 발현되는 듯하다. 선한 마음, 풍성함, 아름다움.

■ 나의 느낌

현재의 나와 나의 가족을 표현할 준비가 되어 있지 않았다. 하지만 표현하면서 마음이 편안해졌다. 순간, 키위 껍질이 나를 직면하는 '눈' 같았다. 하지만 유(柔)한 눈이다.

슬프지 않게 바라볼 수 있어서 좋다. "편안합니다. 가슴이 요동을 치지 않아서 좋습니다."

11

박동(搏動),
나의 숨만큼 뛰다

심장, 요동은 멈추고 박동하다.

〈순행이어도, 역행일지라도〉

나의 삶은,

순행과 역행을 거듭한다.

지금도 그러하고 앞으로도 그러할 것이다.

순행과 역행의 큰 원 안에서 나는 순환한다.

바로 서 있는 나와 거꾸로 서 있는 나는 맞물려 돈다.

돌고 있는 것은 '나' 이다.

'나' 로부터 돈다.

요동(搖動)하던 심장이

내가 숨 쉬는 만큼

내가 숨 쉬고 싶은 만큼

박동(搏動)한다.

 작품설명

지금 여기. 다시 돌아왔다. 나의 삶은 순행과 역행으로 순환하고 있고 앞으로도 그러할 것이다. 나의 순행과 역행을 오롯이 받아들이고 싶다. 순행과 역행을 의미하는 두 개의 큰 원에 바로 서 있는 '나' 와 거꾸로 서 있는 '나' 가 맞물려 돈다. 때로는 바로, 때로는 거꾸로일지라도 순환하는 삶의 길을 내 호흡대로 걸어갈 것이다. 때로는 느리고 때로는 빠른 심장 박동을 느끼며.

 푸드매체

다양한 색감을 가진 과일로 '나' 를 표현하는 작업은 에너지를 받는 느낌이다. 촉촉한 향기가 푸드 작품을 감싼다.

- 수면 위로 드러나는 싱크로나이즈드 모습 같다. 화려하고 예쁘다.
- 포도는 사람이고 토마토는 지금까지 받은 훈장 같다. 참 잘했다.

■ 나의 느낌

매 순간은 순행일 수 있고 역행일 수도 있음을 안다. 알지만 그 순간이 닥쳐왔을 때는 늘 어렵고 아프다. 삶의 순행과 역행은 사실 '나'로부터 온 것 같다. 화려해 보이는 그렇게 보이고 싶은 수면 위 '나'의 모습도 그 아래의 고단한 '나'의 모습도 그저 바라보기로 한다.

'나'를 있는 그대로 표현하고 '나'를 편안함 안으로 걸어가게 하고 싶다. 이제 나의 심장은 내 숨을 따라 박동한다. "순행, 역행을 받아들일 수 있는 제가 기특합니다."

Epilogue
에필로그

〈이 순간을 품고 숨 쉬다〉

나의 **호흡**을 알아차리지 못했다.

숨을 삼키면 심장이 요동을 쳤다.

숨을 숨기면 내 안으로 가라앉았다.

탄생, 울음으로 터진 내 숨은

한숨으로 깊어졌다.

숨 안에서 이야기가 돌고

숨이 심장을 흔들었다.

그냥 숨 쉬어도 되는 시간들이었다.

이제,

지금

내 숨만큼 살아도 됨을 알아차린다.

들이쉬고 내뱉어도 된다.

호흡하고 싶다.

나의 숨으로 내 심장은 박동할 것이다.

나를 바라보며 표현하고 싶다.

숨이

진정한 쉼이 되길.

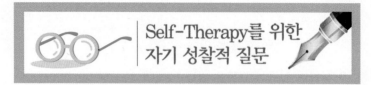

1. '우리' 안에서 '나' 는 어떤 존재이고 싶은가?

   가. '우리' 의 이야기에서 '나' 를 찾는 과정은 '존재로서의 나'
   를 바라보는 시간인가?

   나. '존재로서의 나' 를 바라보듯 '존재로서의 너' 를 존중하는가?

   _____

   _____

   _____

2. '나의 탄생' 에서 '결핍' 과 '상실' 은 '나' 에게 어떤 느낌으로 남
   아 있는가?

   가. 그 느낌은 '엄마' 로부터 온 것인가, '나' 로부터 온 것인가?

   _____

   _____

   _____

3. 지금, 여기 '나' 는 어떤 존재인가?

   가. 과거의 '나' 와 지금의 '나' 는 어떻게 연결되어 있는가?

3. 나. '나의 이미지'는 나에게 어떤 의미와 가치를 지니는가?

----

4. '존재로서의 아버지'를 받아들이고 존중하는 과정은 나에게 어떤 영향을 미치는가?

----

5. '엄마'로부터 '나'에게로 이어진 뿌리가 있는가?

　가. 그 뿌리가 '과거의 나'에게 미친 영향은 무엇이었는가?

　나. 그 뿌리가 '지금의 나'에게 주는 의미와 가치는 무엇인가?

　다. 그 뿌리가 지금은 어떻게 연결되어 있는가?

----

6. '외로움'은 성장과정에서 나에게 어떤 영향을 주었는가?

　가. '외로움'과 '사랑'은 '나'의 삶에서 어떤 의미를 지니는가? 어떤 역할을 했는가?

---

7. '외로움'과 '상실감'은 '나'의 삶에서 어떻게 다르고 구별되는가?

가. '사랑'과 '인정'의 가치가 '나'의 삶에서 어떻게 변화해 왔는가?

---

8. '아름다운 과거'는 현재 나의 삶에 어떤 영향을 미쳤는가?

가. '자유'의 의미와 가치가 '나'의 삶에서 어떻게 변화해 왔는가?

나. '나의 수치심'은 어떤 순간에 드러났었나?

다. 지금 여기의 '나'는 '과거'를 어떻게 인식하고 느끼고 있는가?

---

9. '자기 표현'은 나에게 어떤 의미를 지니는가?

가. '각자의 자기 표현이 연결된다'는 의미는 무엇인가?

---

10. '나'에게 '불안'이란?

가. 과거, '불안'은 어디서부터 왔고 '나'에게 어떤 영향을 미쳤는가?

나. 지금 여기, '불안'은 어떤 느낌으로 나타나는가?

----

11. '나'에게 '감정', '느낌'이란?

가. 나의 '감정'은 현실 인식에서 오는가, 생각인가, 느낌인가?

나. '나'로부터 '느낌'을 분리한다면 무엇이 남을까?

다. 나는 '느낌'안에 머물러 있는가, 느끼고 있는가?

----

12. '나'의 삶에서 '책임'은 어떤 의미와 가치를 지니는가?

가. '책임'이 '나의 성장'에서 어떻게 작용할까?

Contents
차례

제5장
회귀(回歸)

이은숙(별칭 : 생기발랄)

- 푸드표현상담사 1급
- 회복적정의전문가 2급
- 한국에니어그램상담학회 전문상담사 2급
- 한국에니어그램협회 교육강사 2급
- 상담학습전문공동체 '왕자와 공주' 15기
- E-mail. goldfish1@hanmail.net

제5장

회귀(回歸)

이은숙
푸드표현상담사 1급

막상 책을 낸다고 하니 나의 이야기가 노출된다는 걱정이 들었다. 나의 솔직함이 오히려 약점이 되어 돌아오는 것은 아닐까? 그걸로 가십거리가 되면 어쩌나? '여러 이유로 일어나지 않은 상황들이 눈앞에서 펼쳐질지 모른다는 생각에' 걱정이 올라왔다. 그래도 그대로 가보기로 했다. 돌아온다면 견뎌낼 힘이 나에게 있을 거니까 흔들리면 잠시 흔들리다가 중심을 잡아봐야겠다는 근거 없는 자신감이 생겼다.

회귀란 큰 제목을 지었다. 처음에 갈팡질팡하는 나는 흔들리고 상처받고 삶에서 방어-투쟁하는 자세였다. 하지만 다시 그 과정을 겪고 제자리에 돌아왔을 때는 처음의 나와는 다르다.

완성의 단계라는 의미가 아니라 받아들임의 자세가 준비된 느낌이다. 조금은 여유로워진 듯하다. 삶은 참으로 삼투압의 과정과도 같은 것 같다. 머리와 가슴 사이에서 둘의 농도를 맞추는 과정 같다는 생각이 들었다. 냉철함으로 자각하고 울림으로 받

아들이고 느끼고 결국엔 평정심으로 돌아오는 큰 나가 되어 가

는 과정을 담아보려 한다.

〈뿌리 깊은 나무〉

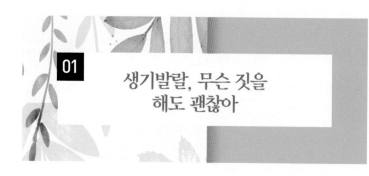

01 생기발랄, 무슨 짓을 해도 괜찮아

둘째 아이 초등학교 졸업식을 앞두고 등하교 카풀을 같이 하던 언니에게서 처음으로 손 편지를 받았다. 교대로 아이들을 등하교시키면서 친해진 언니가 그동안 나에 대해 느꼈던 진솔한 이야기를 직접 담은 내용이었다. 그 편지 첫 줄에 적힌 "to 똥꼬 발랄", 다른 이가 나를 바라보는 시선 같은 이 별칭이 기분 좋게 다가왔다. 생기있는 나의 긍정적 이미지와 조금 과한 행동반응까지 담고 있는 찰떡같은 나의 별칭이다.

생기발랄보단 '똥꼬발랄' 이란 말이 입에 착 달라붙는다. 아이들과의 상담 장면에 우스갯소리로 자주 언급이 될 것 같아 생기발랄로 바꾸었지만 '똥꼬발랄' 만큼이나 나를 적절하게 표현하는 별칭은 없는 것 같다. '똥고발랄' 은 텐션이 높다는 것과 과한 행동반응을 나타내는 의미와 생기가 가득 찬 긍정적 이미지 둘 다를 담고 있다.

언젠가부터 '텐션이 높다'는 말에서 양가감정이 들기 시작했다. 에니어그램 스터디 모임에서 내 유형을 공부하는 날이었다. 한 선생님께서 "6유형은 앞동산을 가는데 에베레스트산을 등반하는 것처럼 행동한다."라는 표현을 하셨다. 같이 공부하는 한 선생님께서 호탕하게 웃으셨다. "맞다 맞다."를 연발하며 손뼉까지 치신다. 남들이 보는 시선에서 '나의 행동반응은 과하단 말인가?'란 생각이 들었다. 나는 과하게 행동한다고 생각해 본 적이 전혀 없다. 내가 그렇게 느끼니 그대로 행동이 나온 것 뿐이다. 내 눈앞에 있는 불안, 걱정이 진짜 현재에 다가와 있다고 느끼니 그렇게 할 수밖에 없는 것이다. 나는 있는 그대로 표현하고 있다.

그럴 수 있다고, 그래도 괜찮다고 나를 다독인다. 생각은 내가 어떻게 보느냐에 따라 관점이 달라질 수 있다. '남들이 어떻게 나를 보느냐?'보단 내가 나를 어떻게 볼지 항상 나에게 물어본다. 활기차고 긍정적인 내 에너지가 해피 바이러스가 되어 남들도 기운차게 할 수 있다면 그보다 더 좋을 수 있으랴~

생.기.발.랄하게~~~

〈생기발랄〉 〈자유로운 내면〉

나의 긍정적 이미지를 주위를 밝히는 횃불로 표현해 보았고 텐션이 높은 나의 들뜬 감정은 구름(팽이버섯)으로 표현해 보았다. 푸른 대양(접시)은 속이 훤히 비칠 정도로 맑다. 푸른 바닷속은 내면의 역동과 활발함을 상징한다.

 보호받고 있는 그 공간 안에서는 '무엇이든 해도 괜찮겠다!' 는 피드백을 듣자 내 몸이 가벼워졌다. 내 마음속에서 안정감이 자리 잡자 '마음대로 뭔가를 할 수 있는' 상황이 떠올려졌다. 그 상황이 떠오름과 동시에 내 몸의 긴장이 완화되면서 자유로움이 느껴진다. 나는 그렇게 앞으로 나아가게 된다.

생기발랄은 어떤 일에 있어서 처음은 조심스럽게 접근하는 편이다. 그래서 그런지 안전한 공간이 마련되었으니 '무슨 짓을 하든 괜찮겠다.' 라는 말을 들었을 때 얼굴빛이 달라지고 자유로

움이 느껴졌다. 그런 공간 속에서 안정감을 느껴야만 생기발랄

은 뻗어나갈 수 있는 마음속 지지대 같은 것이 생기는 듯하다.

자신감을 가지고 무엇이든 해도 괜찮다면 얼마나 자유로울까?

이런 생각만으로도 표정이 상기되었다.

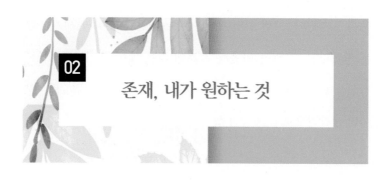

02 존재, 내가 원하는 것

누군가의 기대치에 부응하지 못하고 잘 해내지 못한 나를 만났다. 푸드표현상담을 처음으로 외부에서 하게 되었다. 처음이 항상 어려운 나로서는 엄청난 도전이었다. 잘 해내야만 했고 교안 시나리오까지 준비하며 애를 많이 썼다. 첫 수업은 어색함이 흐르고 생각이 얼음이 된 듯 낯설고 막막했다.

위클래스(wee class) 상담 선생님의 첫 피드백은 참담했다. 교안을 처음부터 다시 확인하는 작업을 하셨다. 내가 아무렇게나 교안을 짜온 것은 아닌지 의심까지 받았다. 구조화된 내 교안을 피력은 했으나 무시 받은 내 감정은 이미 상할 대로 상해있었다. 집으로 가는 길은 천근만근, 마음은 백만 톤……. 집에 도착하자마자 잠을 청했다.

일어나 아침이 밝았다. 세수 중에 눈물이 흘렀다. 가슴에 통증까지 오며 서러움이 북받쳤다.

억울함. 잘하지 못한 나에 대한 자책, 슬픔, 열등감 그리고 남
탓. 내 사고 안에는 나를 재단하듯 칼같이 자르는 내면 비평가
가 날이 서 있다. 슬프다! 슬퍼서 거울 앞에서 펑펑 울었다. 찌
질하고 초라하기 짝이 없는 내가 보여 처절하게 울었다.
그 속에서 자신감을 외쳤다.
나 스스로 강해지길 외쳤다.
초연해지기도 바랐다.

결핍된 나를 채우기 위해 이리저리 분주하게 달린다. 또 지식을
쌓고 경험을 쌓으러 다닌다. 그 와중에도 나는 자기 공격에 휘
둘리며 정신이 없다! 자신감! 용기! 이놈 이놈 지긋지긋하다. 테
플론처럼 참 안 달라붙는다. '어딜 가야 있으메뇨?'
어느 날 '걷는 독서'라는 시집을 읽게 되었다. 첫 장을 펼치자
마자 아래의 문구가 내 눈에 들어왔다.

　자신감 가지기가 아닌
　자신이 되기

　　－박노해 시집 '걷는 독서'(느린 걸음 출판사) 중에서－

내가 그토록 찾는 그 자신감을 가지기가 아니라 내 안의 본질에서 우러나온 '나 자신이 되어봐' 라고 이야기해 주는 듯하다.

"밖에서 찾지 말고 네가 가진 네가 되어봐~"

〈당당한 나〉

여태껏 나오지 않은 새로운 재료인 마늘종의 향이 내 코를 강렬하게 찔렀다. 자연스레 손이 마늘종으로 향했다. 오이를 하나하나 놓으며 드레스의 옷 질감을 표현하기 위해 오돌토돌한 부분을 이용해 보았다.

전체 회기 푸드 표현을 하는 동안 개인 목표 설정이 주제였다. 풀리지 않는 숙제 같은 나의 주제는 바로 '자신감 가지기' 이다. 드레스를 입은 여왕이 횃불 꽃을 치켜들고 당당하게, 자신감 있게 행진하고 있는 나를 표현해 보았다.

요즘 내 안의 열등감을 만나고 있다. '슬프구나! 이게 슬픔이구나~'. 나를 재단하는 내 평가가 이렇게 날이 서 있다니 아프다. 복면가왕의 한 가수를 언급하시며 무대 위에서 죽기 살기로 '자기를 표현해내는 듯하다' 라고 피드백을 한 선생님께서 해 주셨다. 진심으로 나의 슬픔을 직면하며 '그냥 하나의 과정이니 흐르도록 둬.' 라고 말해 주는 듯했다. 나를 일으켜 세워 주는 느낌이 들어 뭉클해져서 눈물이 흘러나왔다.

생기발랄은 요즘 열등감으로 인한 수치심을 만나고 있다. 자기를 관찰하는데 내면 비평가를 만나 공격적인 자기 판단에 휘둘리고 있었다. 오늘 피드백을 듣고 힘을 얻은 것 같다. 자기가 자신에게 친절하기를 바라고는 있지만 그녀의 문제는 자기 사랑, 친절 그리고 연민을 머리로만 인지한다는 것이다. 힘든 상황에서 자기 친절과 사랑을 가슴으로 받아들이고 실행하는 것은 참쉽지 않은 듯하다.

안전, 내가 태어나다

첫 임신을 하신 어머니가 길을 가다 우연히 사촌 오빠를 만났다. 사촌오빠의 호의로 어머니께서는 오토바이를 얻어타고 집으로 가게 되었다. 그런데 오토바이가 강둑을 따라 가다가 중심을 잃고 아래로 굴러 버렸다. 그 사건을 계기로 어머니는 첫아이를 잃으셨다. 그 한 번의 유산 경험을 견뎌내시고 어머니는 곧 나를 가지셨다. 조바심으로 첫 아이를 고대하며 조심스럽고 소중하게 나를 다루어 주셨을 것이다. 얼마나 안전에 주의를 기울이며 나와의 첫 만남을 기다리셨을까? 지금의 내가 그렇듯 그렇게 나는 태어났다.

〈그렇게 그 아이가 왔다〉

어머니는 유산의 아픔이 있었다. 그 아픔을 견디시고 어떤 억만 겹의 인연이었길래 나와 그녀는 모녀의 인연으로 만나게 된 것일까? 그 신비로운 만남을 각 매체마다 나의 탄생 의미를 하나 하나 부여하며 그려보았다.

나뭇잎 초록의 기운처럼 싱그러운 생명의 탄생을, 고대 왕들의 탄생 신화에서도 나타난 것처럼 달걀을 내 탄생의 상징물로 놓았다. 달걀을 감싸는 따뜻한 기운을 작품 속에서 나타내고 싶어서 해바라기꽃처럼 만들었다. 달걀 속 세 잎 클로버는 행복을 뜻한다. 탄생과 함께 행복의 기원도 담아보고 싶었다. 이 모두를 연결하는 탯줄 같은 선들은 억만 겹의 인연을 표현했다.

피드백해주신 한 선생님께서 작품의 제목으로 '바람의 흔적-미의 탄생'이라 표현해 주셨다. 나의 탄생을 오랜 역사를 담고 흐르며 '아름다움'으로 표현해 주시다니 가슴이 벅찼다. 내가 귀한 사람임이 틀림없다는 확신이 들었다. 그 피드백을 들었을 때 정말 그 순간 자존감이 상승하는 듯 어깨가 으쓱해졌다. 태아가 엄마 배 속에서 따뜻한 온기를 느끼고 자유롭게 부유하는 듯 신나게 여기저기 돌아다녔을 것 같았다.

생기발랄은 유유자적하며 부유하는 엄마 뱃속을 상상한다. 그녀는 그곳의 분위기를 느끼고 안전해서 '자유롭구나!'를 느낀다. 내가 '참으로 귀하고 아름다운 존재이구나!'를 느낀다.

04
어린아이, 두려움에 갇히다

내 역사 일대기를 구분 지어 본다면 결혼 전(어린 시절, 청춘)과 결혼 후(암흑기, 회복기)로 나누어진다. 결혼은 내 일생의 중요한 사건이다. 다른 이들도 똑같겠지만 아버지로부터 일찍 벗어나고 싶었던 나는 남편을 만나 자유로운 삶, 해외 생활, 갈등 등 참 많은 변화를 가져다준 사건이 결혼이기 때문이다. 내 일대기 중 어린 시절 유치원 때 가장 큰 사건이 생겼다. 내가 하지도 않은 일을 내가 했다고 억울하게 당한 사건이 있었다. 거울 앞에서 놀던 장난꾸러기 몇 명의 남자아이들이 벽면 전신거울을 건드려 와장창 깨지는 일이 일어났다. 때마침 그곳을 지나가던 나는 거울이 내 몸을 관통하면서 얼음이 되어 버렸다. 이 신체적 위협은 너무 무서워 꼼짝달싹할 수가 없었다. 아이들은 일제히 나를 지목했다. 거울을 깬 장본인은 내가 되어 있었다. 나는 아니라고 표현도 할 수 없을 정도로 마비가 되어 있었다. 자기방어조차도 못하고 내 억울함을 토로할 여유도 없이 난 그 자리에 서서 두려움에 갇혀 버렸다.

마음 챙김-자기연민(MSC:mindful self-compassion)수업에서 명상할 때였다. 갑자기 어린 시절 두려움에 갇힌 내가 보였다. "그 어린아이가 무엇을 알아서"란 말을 강사님께서 하셨을 때 그 말을 듣는 순간 너무 위로받는 느낌이 들어서 눈물을 흘렸다. 그 아이에게 "그렇게 두려워도 괜찮아, 그래도 괜찮아~"란 자애 문구를 선사했다.

어렴풋하지만 세 명의 어른이 어딘가에서 나타나 거울 앞에 선 그 어린 나를 에워쌌다. 얼음이 되어 아무것도 할 수 없었던 아이가 그 상황에서 3명의 어른이 에워싸니 충분히 보호받고 있는 느낌이 들었다. 그들은 '두려워해도 괜찮다'고 나를 토닥이며 어린 나에게 속삭여 주었다. 내 존재가 인정받는 느낌이 들었다.

그리고 나서야 내 집 앞마당, 꽃들이 피어나고 평화롭게 산책하며 거닐 수 있는 안전한 공간이 내 마음속에 자리 잡게 되었다. 두려움을 포용하면서 평안해졌다.

〈보호 받고 싶었던...〉

두려움에 갇혀 몸을 꼼짝달싹할 수 없었던 어린 시절의 나를 만났다. 두려움을 가장 강렬하게 만난 첫 경험이었다. 그런 어린 나를 받아들이고 나니 편안해졌다. 두려움이 큰 주제였던 내가 그럴 수 있다고 나를 수용하니 그 순간 몸에서 전율이 느껴졌다. 그 자리에 가만히 앉아 있을 수가 없어 강의실을 박차고 나올 수밖에 없을 정도로 가슴이 벅찼다.

수용 후의 그 편안함을 작품으로 표현해 보았다. 그 편안한 분위기는 앞마당이 있고 풍성한 꽃들이 펼쳐져 있으며 나비가 날아다니는 전원주택에서 내가 향긋한 차 한잔하며 앞마당을 지그시 바라보는 느낌이었다.

'빨간색의 강렬함, 초록의 안정감, 파란색의 산뜻함. 특별한 것이 없지만 있기만 해도 좋다. 복이 가득한 좋은 일이 가득할 것 같은 7의 숫자(빨간 꽃이 7개), 좋은 일이 7가지나 일어날 것 같다' 라고 내 작품에 대해 피드백을 해주셨다. 내가 표현하고 싶은 색깔의 느낌을 어떻게 아셨을까? 작품에서 느껴지는 행복감을 그대로 말해 주시니 선생님들께서 내 마음을 읽어내는 것 같았다. 특히 조화롭다는 피드백이 다가왔다. 내가 두려워하는 나와 조화를 이루어 '통합으로 가고 싶어 하는 나'를 알아차리게 되었다.

생기발랄은 두려운 그 아이가 얼마나 보호받고 싶었는지 작품 속에서도 표현해 주었다. 울타리 넘어 평온과 평안함이 깃들어 있었다. 그때의 두려움 속에 저항하는 어린 생기발랄과 현재의 생기발랄이 조화를 이루고 싶어 한다.

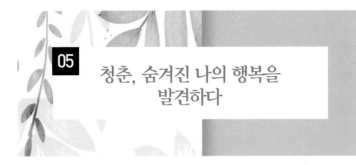

05 청춘, 숨겨진 나의 행복을 발견하다

대학에 입학하고 새내기 첫 행사인 OT에서 나는 여전히 아이들에게 다가가기 쉽지 않았다. 쭈뼛쭈뼛 망설이다 혼자서 행사에 참여하고 있었다. 그러다 얼마 후 2명의 동기 여자아이가 나에게 다가와 친구 하자고 말을 걸어왔다. 그냥 친구 하면 좋을 것 같아 유심히 나를 보았단다. 혼자 있는 내가 외로워 보였을까? 나를 구원해 준 그녀들은 천사같이 환해 보였다. 그 후로 우리는 미친 듯이 열정을 쏟아 내며 지냈고 뭐든지 함께 하고 서로가 의지하면서 나의 대학 생활의 《삼총사》가 되었다.

첫사랑의 나는 로맨스 영화의 히로인 같았다. 카페를 빌려 나에게 촛불 이벤트를 해주며 고백을 했던 전 남자친구의 연애 스토리는 대학 생활 내내 여자 친구들에게 부러움을 사며 오래도록 회자 되었다. 여담이지만 남편이 그 첫사랑이 자신과 같은 계열의 회사에 다닌 것을 알게 되어 회사 네트워크망으로 그 사람을 찾아보기까지 했단다.

대학 생활의 추억들을 끄집어내니 나에게도 이런 행복하고 황홀했던 순간이 있었나 싶었다.

'아~ 나도 이런 사람이었지…….' 충분히 행복했고 사랑받고 있었던 그 시절의 내가 그려졌다. 내가 주의를 기울이던 어두운 과거 속에서 한줄기 밝은 빛이 된 행복한 시절은 의외의 모습이지만 밝은 에너지가 내 마음을 가득 채운 듯 충만했다.

〈캠퍼스 낭만〉

청장년기, 내 인생 그래프의 가장 밝은 시기를 표현해 보았다. 이 시기는 캠퍼스의 낭만, 회피(도피), 저항하지 못함으로 나눌 수 있다. 캠퍼스의 낭만은 촛불 이벤트로 첫사랑의 기억이 소환되었다. 회피는 아버지로부터 독립하고 싶었는데 결국은 벗어나지 못했다. 나름의 방법으로 저항을 한다고 했는데 제대로 저항을 하지도 못했던 기억들이었다.

그중 캠퍼스의 낭만을 작품으로 표현해 보았다. 초창기 대학 시절 친구들에게 잘 다가가지 못했던 나에게 두 명의 친구가 "우리랑 친구 할래?" 하면서 먼저 다가와 주었고 그 이후로 우리들은 삼총사가 되었다. 누가 시키지 않아도 축제 공연 중 미친 듯이 춤도 추고 했던 추억들이 떠올랐다.

첫사랑의 기억과 이별 순간도 소환이 되었다. 첫사랑의 기운을 회전되는 힘으로 작품에 불어넣어 보고 싶었다. 내 작품에서 요술공주 세리처럼 새로운 뭔가로 변신하는 변화가 느껴지고 밝고 생기있는 기운이 발산되는 듯하며 잠재된 힘과 회전력이 느껴진다고 피드백을 해주셨다. 내가 표현한 것을 어떻게 아시고 회전력을 읽어내셨지? '이처럼 사람의 마음이 연결되어 있구나!' 란 생각이 들어 기뻤다.

내 안의 밝은 에너지도 느껴졌다. '아! 나 그런 사람이었지.' 내 안의 자원을 상기시켜 주는 듯했다. "그 에너지가 다른 이에게 전파된다."라는 피드백이 다가왔다. 나도 선한 영향력을 끼칠 수 있는 존재이구나! 이런 나여서 좋다.

생기발랄은 행복한 추억이 소환되어 그녀 자신도 이럴 때가 있

었다는 걸 알게 되어 행복해했다. 자기 자신 안의 밝은 에너지
를 가지고 있다는 것을 알아차리고 발산되는 에너지장을 서로
느끼고 있다.

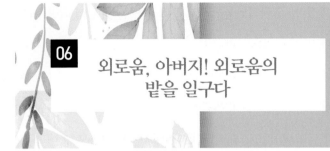

외로움, 아버지! 외로움의 밭을 일구다

　　내가 기억하는 우리 아버지의 이미지는 무섭고, 어렵고, 독단적이셨다. 그러면서도 가족을 위해서는 억척같이 삶을 일구어내셨다. 넉넉한 형편은 아니었지만 그렇다고 딱히 부족한 것도 없는 평범한 가족 구성원이었다.

항상 아버지는 엄하고 기준도 엄격해서 내가 잘못을 하면 항상 과하게 혼을 내셨다. 난 두려웠고 심한 처벌이 뒤따라올까 봐 걱정했다. 이 묵은 감정은 현재에 와서도 아버지를 이해하는데 어려움으로 다가온다. 내가 바라는 아버지상은 인자하고 따뜻해서 잘 안내해주시는 그런 분이다. 하지만 아버지 앞에서 항상 나는 작은 존재로 남겨져 있으며 심리적으로 부들부들 떠는 모습만 떠오른다.

내가 아버지를 만날 때 자주 만나는 감정은 억울함과 권위에 대한 반항심이다. 유치하고 어른답지 못한 권위로 나를 누르는 힘이 느껴졌다. 그래서였을까? 이 풀리지 않는 감정이 작품 속에도 녹아 아버지 모습이 어린 사자의 모습으로 그려졌다. 누구에게나 존경을 받는 장성한 라이언 킹 심바의 모습이 아닌 아직은 어린 사자의 모습으로 표현되어 있다.

아버지는 막내아들로 태어나 보살핌을 받을 겨를도 없이 어린 시절 어머니를 일찍이 여의셨고, 천방지축 아이로 자라났다. 학교도 다니는 둥 마는 둥 공부도 열심히 하지 않은 아버지는 자신의 자식에게서 대리 만족을 얻고 싶어 하셨다. 어린 시절 내가 가장 많이 듣는 소리는 '공부하라'였다.

아버지의 어린 시절을 이해하는 데는 긴 시간이 필요했다. 내가 둘째 아이를 키워내면서 아버지를 이해하기 시작했다. 내 몸이 아프면서 둘째 아이를 힘들게 키워냈다. 둘째 아이도 사랑받고 싶어서였는지 내 관심을 끌려고 했고 끊임없이 나를 힘들게 했다. 난 몸이 아프다는 핑계로 잘 돌보지 못했다. 병원까지 가게 되면서 아이에게 조금 이상이 있다는 걸 알게 되었다.

아버지도 사랑받지 못한 갈증이 있었을까? 그동안 많이 외로우셨을까? 그때 받지 못한 사랑을 아직도 어린아이처럼 떼쓰고 싶으신 것일까?

그 외로움의 깊이는 어디까지일까? 아버지가 한 인간으로서 측

〈아버지의 삶〉 〈라이언 킹〉

은했다. 진정 아이를 키워보면서 엄마가 되어야 느껴지는 맘이 고스란히 느껴졌다. 작품을 하는 동안 어린 사자가 장성한 라이언 킹의 심바가 되기를 기대하며 갈기를 근엄하게 바꾸어 보았다. 갈기가 성장하듯 내 마음도 성장하는 듯하다.

항상 아버지와는 뭔가 해결하지 못한 감정들이 올라온다. 화도 나고 억울하기도 하다. 장녀인 나에게 오는 크나큰 기대와 내가 그 기대에 부응하지 못했다는 마음은 지금도 묵직하게 남아있다. 따사롭고 든든한 아버지 모습을 항상 바라 왔던 것 같다.

엄하고 무서운 아버지 밑에서 나는 행한 잘못보다 과한 처벌을 받을까 봐 항상 겁에 질려 있었다. 내가 믿고 의지할 수 있는 아버지 모습이 아닌 항상 어리고 고집 세고 권위에 따르란 메시지만 주시는 모습이었다. 어린 사자 같은 모습이 아닌 '어른스럽고 든든한 밀림의 왕 사자의 근엄한 모습이셨다면……' 하는 나의 소망을 작품으로 표현해 보았다.

아버지를 떠올리면 예전부터 너무나도 부끄럽고 불편한 감정이 먼저 올라온다. 하지만 내가 둘째를 낳고 힘든 육아를 하면서 아버지 삶의 맥락을 조금씩 알게 되었다. 아버지께서는 일찍부터 친어머니를 여의어서 어린 시절 사랑을 듬뿍 받을 수 없었다. 그런 아버지와 나의 둘째가 겹치면서 아버지를 한 인간으로서 이해하기 시작했다. "외로웠겠다"라는 피드백이 맘에 남았다. 그 외로움 속에 지기 존재를 내비치기 위해 저렇게 자기 과시하셨나? 조금은 이해가 되었다. 그렇다 하더라도 여전히 묵은 감정은 남아있다. 지금도 엄마에게 잘해주시길 기대하는 마음이 든다. 여전히 독단적인 아버지. 든든한 모습의 아버지로서 딸이 의지할 수 있는 모습이시길 빌어본다.

생기발랄은 어린 시절 자기 잘못에 비해 너무 크게 혼나고 엄하게만 대했던 아버지께 억울한 감정도 올라왔다. 다른 사람의 피드백을 들으며 "아버님이 외로웠겠다."는 말을 듣고 그 외로움의 깊이를 조금은 이해하는 듯했다. 머리로는 아버지임을 인식하나 가슴으로는 아버지의 존재를 받아들이지 못하는 자기를 바라보며 자괴감이 들어 울음을 쏟아 내고 있다.

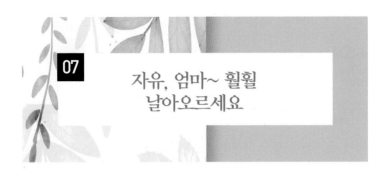

07

자유, 엄마~ 훨훨
날아오르세요

나는 내 이야기를 하면서 엄마에 대한 부분을 제
일 마지막에 썼다. 아버지 언급을 안 할 수 없으니 엄마 이야기
에도 많이 저항하였다.

어머니와 아버지께 상담을 받으시라 권유를 했다. 같이 상담을
받으러 가신 상황에서 엄마는 얼굴이 벌겋게 달아오르시며 펑
펑 우셨다. 분노, 슬픔, 그러면서도 아빠를 놓지 못하시는 의존
성. 여자로서 삶은 참 힘드셨을 것 같다. 슈퍼마켓을 가도 돈 많
이 쓴다고 잔소리 들을까 봐 비싼 것 하나 못 사시고 아끼기만
했고 아껴서 살아도 인정도 못 받고 우리를 위해 헌신만 하고
사셨다.
정작 엄마 자신을 위한 삶은 없으셨다. 아빠의 강한 힘에 눌려
자유롭지 못했다. 아버지의 통제에서 벗어나 한 여자로서 삶을

누리시길 바라는 마음에 훨훨 그네를 타는 엄마의 모습을 표현
하였다. 솔솔 불어오는 바람결을 타고 마치 치마가 휘날리는 듯
하다. 고목나무는 그네를 지탱해주며 바라봐주고 있다. 나무가
가지는 의미를 작품 피드백을 통해 알게 되었을 때 나는 '엄마
에게 든든한 나무의 존재는 내가 아니었을까?' 라는 생각이 들
었다. 바람결에 사랑이 불었다.

〈엄마 훨훨 날아가세요~!〉　　　　〈기댈 수 있는 존재〉

처음에는 '엄마' 를 나무로 세워 거기서 그네를 타며 즐거워하
는 '나' 를 표현할 생각으로 작품을 하다가 어느 순간 훨훨 날아
가는 모습이 너무 자유로워 보여 '엄마가 이렇게 날아다녔으면
좋겠다.' 라는 소망이 그려졌다. 그래서 그네를 타고 있는 사람
이 엄마로 바뀌었다. 작품 마무리쯤에 그네를 타며 휘날리는 바
람결을 오이로 꽃을 표현했는데 그 꽃이 나무에도 만개했으면

좋겠다는 생각이 들어 어린잎을 다 걷어내고 오이꽃으로 채웠다. 바람결에는 다시 사랑이 피어 흔적을 남긴다.

한 선생님은 예전에 겪은 경험이 떠오른다고 하셨다. 평상시 공원에서 보는 평범한 나무였는데 나비가 그 속에 숨어 있었고 나무를 흔드는 순간 숨어 있던 나비가 날아올랐다고 하셨다. 너무 예쁘고 황홀했다고 말씀하시는 그 순간 내 작품에서 나비가 진짜 날아오르는 듯했다. 나뭇잎들이 뭉글뭉글 피어올랐다.

옥수수로 표현한 땅은 황금같이 빛나고 비옥하고 자원이 풍부해 무한으로 줄 수 있는 땅일 것이다. 그 땅 위에 자리 잡은 나무는 언제 찾아가도 변함이 없고 늘 그대로 있는 나무일 것이다. 나무는 누군가를 기다리고 있을 것 같다. 그네 타는 사람에게 나무는 소중하다. 계절이 바뀌지만 늘 함께하는 그 나무는 누구를 상징하는 것일까? 늘 변하지 않는 나무는 내 삶에 대단한 의미를 가진 사람을 가리킨다. 나무 아래에서 놀고 휴식하게 하는 홀로 나무처럼 있을 수 있는 사람은 누구일까?

생기발랄은 엄마와 그녀와의 관계를 깊이 생각하게 되었다. 서로가 의지하고 그녀 또한 어머니께서 기댈 수 있는 사람이지 않을까? 생각해보게 되었다. 자기도 엄마의 고단함과 외로움에 위로가 될 수 있는 존재가 되고 기여할 수 있다니 기분이 묘했다. 예전에는 생각해보지 못한 발견이었다.

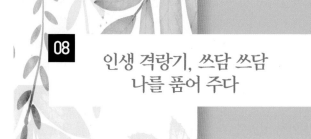

08 인생 격랑기, 쓰담 쓰담
나를 품어 주다

내 인생에서 가장 만나기 싫은 시기이다. 결혼하고 왕자와 공주 학습동아리를 만나기 전까지의 내 이야기이다. 둘째를 낳고 얼마 지나지 않아 갑자기 어지러워 병원을 찾았더니 갑상선에 문제가 있다고 하셨다. 두바이로 이사를 얼마 안 남겨둔 상황에서 이 사달이 나니 가는 날을 연기할 수밖에 없었다.

이때부터였을까? 내 인생의 삐걱거림이 시작되었다. 둘째 아이는 거의 엄마에게 맡겨져 키웠고 나는 오로지 쉼을 했다. 쉼이라기보다는 만사가 귀찮은 나태에 가까웠다. 아이가 나를 찾을 때조차도 외면했던 것 같다. 아이가 짐 같았다. 결국은 두바이로 이사를 했다. 하지만 얼마 지나지 않아 남편과의 관계도 안좋고 나도 힘들어 1년 만에 다시 남편을 두고 돌아와 버렸다. 일때문에 일상이 지쳐있는 그와 육아에 찌들어있는 나, 그리고 어디에도 도와달라고 할 수 없는 악조건의 나날들 속에서 결론은 귀국이었다.

귀국 후 청천벽력 같은 일이 생겼다. 둘째의 이상행동이 심해져서 병원을 찾았더니 발달이 많이 느리다는 결과가 나왔다. 사회성은 더 떨어져 있었다. 그 이후로 나는 둘째 아이를 위한, 그를 위해, 그에 의한 삶을 살았다. 오로지 그 아이를 또래 아이의 수준으로 끌어올리겠다는 일념으로 할 수 있는 것은 다 하려고 했다. 몸은 아프고 피곤하지만 내가 그동안 아이에게 소홀히 했단 죄책감에 더 열심히 노력할 수밖에 없었다.

그 노력한 시간은 시나브로 결과물이 나왔다. 지금은 편안하지만 눈물로 매일을 살아낸 시절이었다. 그 역경의 강도가 희미해질 때쯤 산 넘어 산이었다.

이혼의 위기,

외국에서 갓 돌아와 힘든 중학 생활을 겪은 첫째 아이,

둘째 아이의 힘든 학교생활,

누군가 순서를 이렇게 정렬해놓은 것 같은 인생길 위에 그저 주저앉아 힘들다고 펑펑 쏟아내며 울고 싶었다. 내가 이만큼

힘들었다고 아프다고 울부짖고 싶었다. 하지만 내가 그렇게 울고 싶다고 한가하게 아파만 할 수가 없었다. 힘들어도 해결해야 했었고 해야만 했다. 그렇게 나를 채찍질하며 삶을 살아내려고 애썼다.

이제는 내가 스스로 나에게 훈장을 달아주고 상 주고 싶다. 그렇게 잘 견뎌냈다고…….
쓰담쓰담 "생발아~ 수고했다!!! 고생한 너에게 상을 주고 싶어."

〈훈장〉

내 인생의 가장 암흑기, 이 시기의 3가지 키워드는 해외 생활, 육아 돌봄, 위기이다. 각 의미를 양파의 단면으로 놓았다. 신혼 때부터 중국에서 해외 생활을 시작하게 되었고 해외 생활하는 동안에 남편 직급에 따라 나도 그 직급으로 남편의 직장과 관련된 사람들과의 사회생활을 하게 되었다. 그때 받은 스트레스 때문인지 귀국 후 갑상선염이 걸렸다. 잦은 해외 파견 근무로 남편도 없이 시댁에서 같이 살며 힘들게 된 이유도 있었다. 남편 때문인 것만 같았다. 많이 원망하며 살았다. 아이들의 육아도 짐처럼 힘들어했다. 나 자신을 돌볼 여유도 없었다.

그러다 둘째 아이에게 이상 현상이 생겼고 나는 둘째 아이를 위한 삶을 살아냈다. 어느 정도 아이가 좋아지니 이혼 위기가 찾아왔다. 안 좋은 일은 한꺼번에 몰아서 오는 법칙이 딱 그때에 일어났다. 이 키워드에 맞춰 나에게 훈장을 달아주듯 작품으로 표현해 보았다. 잘 견뎌내었다고 나 자신을 토닥이며 훈장을 달아주고 싶었다.

같이 공부하시는 선생님이 '수다를 떨고 경쾌하다' 라고 피드백을 해 주셨다. 그때 우리 가족들이 옹기종기 모여 앉아 수다 떠는 모습이 생각났다. 귀족 문장 같다는 말에서는 나의 고귀함과 정체성이 원래 그랬던 것처럼 귀한 존재로 인정받는다는 느낌이 들었다. 생각해 보니 좋은 일도 많았는데 부정적인 것에 초점이 가는 내가 보였다. 중국에서 여러 곳을 돌아다니며 즐겁게 지낸 일, 새로운 중국 음식을 먹으러 다닌 것 등이 주마등처럼 지나갔다.

생기발랄은 자기 초점이 부정적인 것에 집중되는 것을 알아차리고 인생의 힘들었던 부분이 아닌 즐거운 부분도 떠올렸다. 훈장을 달아준다는 의미로 작품이 "너 수고했어"라고 말해 주는 듯, 상을 받는 아이처럼 뿌듯함을 느끼고 있다.

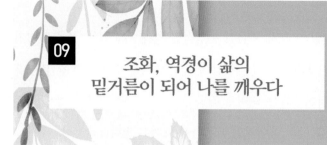

조화, 역경이 삶의
밑거름이 되어 나를 깨우다

음이 있으면 양이 있기 마련이다. 어둠이 있으니 밝음이 더 빛나기 때문이다. 시련들이 쌓이고 쌓여 더 이상 버틸 힘이 없어질 무렵, 나는 학부모 자원봉사 동아리 '왕자와 공주'를 만났다. 어둠 속에서 구원의 손길 같은 한 줄기 빛이 나를 여기로 이끈 듯했다. 푸드로 나를 표현하는 과정은 나에게 몰입함으로써 나를 더 잘 이해하게 하였고 작품에 대한 피드백을 통해 새로운 발견과 알아차림의 기회가 되었다. 내 삶을 되돌아보며 부정적으로 보는 내 관점의 변화도 있었다. 또 자기 성찰의 기회도 되었다.

모든 것은 나로부터 시작이었다. 나로 귀결되면서 모든 것이 조화를 이루었다. 고통을 겪으면서도 그 일을 통해 얻어지는 이익이 있다는 것이 새삼 느껴졌다. 아픔을 겪고 나서야 남 탓만 하던? 내가 그래서 누군가를 원망하던 내가 이제는 내가 바꿔야 한다는 알아차림을 하게 되었다.

부분 속에 빠져들어 다른 부분을 잊어버리고 그 감정에 매몰되던 '나'가 얼른 빠져나오기도 하고 조금은 떨어져서 전체를 쳐다보려고 노력도 한다. '왜 나에게만 이런 일이 생기지?'라고 생각했던 내 사고체계에 새로운 회로가 트여 물꼬가 터졌다. 나를 세우고 받쳐주고 지지해주신 모든 분께 감사를 드린다.

〈조화〉

음양의 조화가 떠올라 서로 어울리는 색감인 빨강과 파랑을 고르고 싶었으나 재료 중에는 색감이 없어서 비슷한 계열의 주홍색과 보라색 계열로 음양을 표현했다.

내가 표현한 이 시기는 회복의 단계이고 왕자와 공주라는 학부모 자원봉사 동아리를 통해 차츰 나를 찾아가는 과정의 시기였다. 현재는 안정기에 접어들었다. 남편과의 관계도 원만해졌고 아이들도 작은 문제들은 있었지만 내가 견뎌 낼 힘이 생겨 나름 잘 이겨내고 있다. 그래서 음양의 조화로 표현하고 싶었다. 암흑기의 음과 회복기의 양이 만나 조화를 이룬 것을 상징적으로 나타내 보았다. 에너지가 바닥이었다가 차츰 회복의 양의 기운으로 넘어가는 지금의 나를 담고 있다.

피드백을 들으면서 '평정심' 과 '나눠주고 베풀어 준다.' 라는 말이 머릿속에 새겨졌다. 이 작품을 통해 내가 알아차리게 된 것은 나는 항상 평정심을 갈망했다는 것이다. 그 순간마다 고요하면서 잔잔하고 몸도 긴장하지 않기를 바랐다. 질 안되는 일이기도 하다. 또한 나로 인해 좋은 에너지가 퍼져나가기를 바라고 베풀 수 있기를 바랐다. '내가 구심점이 되어 좋은 에너지 파장이 생긴다면' 얼마나 좋을지 상상하게 된다. 앞으로 그렇게 되기를 기대도 된다.

생기발랄은 항상 조화 속에서 자신만의 평정심을 찾기를 늘 갈망했다. 힘든 상황 속에서도 감정에 매몰되지 않고 쉬 빠져나와 자기를 지켜보고 평정심을 가지길 늘 바랐다. 이 순간에 작품을 바라보며 삶의 작은 부분에 치우치지 않고 전체를 보면서 자기가 조바심을 느끼지 않고 느긋하게 자신을 대하기를 기대해 본다.

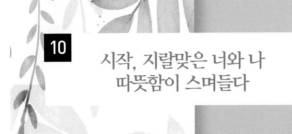

시작, 지랄맞은 너와 나
따뜻함이 스며들다

10

내가 생각하기에 남편과 나는 힘이 비등하다. 힘이 비등하다는 걸 인지하지 못하고 남편에게 맞서고 싸우고 참 격렬했다. 부모님과 살 때는 대체로 부모님의 뜻을 잘 따르는 편이었다. 하지만 한번 내가 맞다고 주장하는 것이 받아들여지지 않았을 때는 반항을 했다. 욱하는 감정이 올라와 반응에 반응하며 늘 받아들여지기를 바라고 내 것만을 앞세워 살았던 것 같다. 치열하게 토론하고 서로가 참 많이도 다툰다. 그 결과 두 아이가 힘들었고 희생당했던 것 같다.

고래 싸움에 새우 등 터진다고 엄마 아빠가 서로 힘의 우위에서 지지 않으려고 아등바등할 때 아이들은 얼마나 두렵고 무서웠을까? 그러다 나는 나를 돌아보는 계기가 생겼고 남편도 일 중심에서 가족으로 서서히 돌아오는 시점이 오게 되었다. 둘째 아이가 힘들어하면서 우리 가족은 서로를 돌아보게 된 것이다.

지금은 안정적인 분위기로 남편과 나의 관계도 밝아졌다. 아이들도 덩달아 좋아지는 것 같다. 이 '화목'은 우리가 얽히고설켜서 참 애쓰고 노력했음을 일깨워 주는 듯하다. 어느 것 하나 공으로 되는 것은 없는 듯하다. 우리 가족의 아픔이 회복되기까지 당신이 참 많이 노력했다고 내 작품을 보고 피드백을 해주시는데……. 애쓴 나를 인정해 주는 듯해서 가슴이 뜨거워졌다. '내가 나름 주체적으로 살아내고 있구나!' '누군가에게 의지하지 않고 독립적으로 삶을 살아가고 있구나!' 라고 생각이 들어 기분 좋은 전율이 느껴졌다.

〈꽃의 향연〉

강사님께서 직접 꺾어 오신 꽃을 보며 자연의 색감은 인위적인 색깔보다 훨씬 빛나고 아름답다고 느껴졌다. 시각적으로 화려하면서도 자연스러운 색감에 이끌려 우리 가족을 형상화해 보고 싶었다.

우리 가족은 나를 닮은 듯한 아이, 돌연변이같이 너무도 다른 아이, 힘의 균형에 있어 서로 지지 않는 부부관계. 지금의 현재 가족 모습이다. 접시 가운데 꽃들은 이런 우리 가족을 형상화한 것이다. 그러면서도 서로 연결되어 얽힌 형태를 초콜릿 꽈배기 모양과 비슷하여 가운데 놓아 보았다. 나름 우리 가족은 이제 안정기에 접어들었다. 가장자리의 치즈는 이런 가운데에서도 사랑이 피어나고 편안해진 화목한 모습의 우리 가족이다. 키위로 만든 꽃들은 위기를 거쳐 절정을 지나 고난을 이겨내고 해결의 실마리를 찾은 마지막 결정체이다.

치즈 하트는 보이지 않는 정성 어린 손길이 느껴지고 노력이 보인다는 한 선생님의 피드백에서 노력이란 단어가 내 마음에 닿았다. 그리고 하트 4개는 결실이라 여겨지고 그 결실이 헛되지 않았다는 것을 반영한다는 말씀에 내가 인정받고 있다는 느낌이 들어 든든해졌다.

난 그동안 내 아픔이 노력해서 얻어내는 과정에서 나온 것이라고는 생각하지도 못했다. 남편과 나의 팽팽한 힘의 균형도 내 노력으로 애써서 가져온 것들이란 생각도 못 했었다. 결실이 헛되지 않았다는 것이 지금껏 가졌던 내 사고의 전환을 가져왔다.

생기발랄은 자기의 인생을 돌이켜 보며 그냥 이루어지는 것이 없다는 것을 느끼게 되었다. '그녀가 최선을 다했기 때문에 이렇게 안정기에 접어 들 수 있었구나!', '그녀가 그동안 아픔을 느낀 것이 애쓰는 과정에서 생겨난 노력의 결실이구나!', '인생을 나름 주체적으로 살았었구나!'를 느끼고 가슴 한곳에서 온기가 느껴졌다.

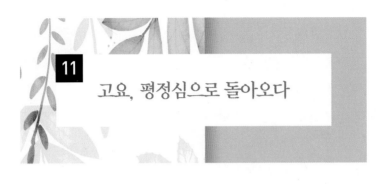

11

고요, 평정심으로 돌아오다

내가 살아가다 가끔 옆길로 새다가 다시 이 길이
아닌가 돌아오기를 수십 번……. 그 길에서 작은 나는 두려워도
해 보고 집착도 해 보고 깊은 슬픔에 빠져 허우적거리다가 질척
거린다.

너절해진 맘에 다시 질책하며 비수를 꽂는다. 살아나려고 발버
둥 친다. 가만히 바라보다 바라보다 작은 나가 진짜 내가 아닌
것을 알아차린다.

내 안의 큰 나는 좋아는 하되 집착하지 않으며 몰입은 하되 매
몰되지 않는다는 것을 알아차린다. 마음의 고요 속에서 맑은 정
신이 떠오른다. 평정심으로 다시 돌아온다.

〈지금 이대로〉

정성 들여 하나하나씩 놓고 싶었다. 만다라를 꾸미는 내 맘도
재료를 하나하나 놓는 마음에도 오늘의 이 여운이 내 혈관을 타
고 온몸으로 퍼지길 빌었다. 재료를 고를 때부터 신중해졌다.
색감도 소중하고 과일 안의 모양도 제각각 자기만의 모양을 담
아내고 자기만의 형체가 있을 것이란 생각이 들어 재료 단면을
하나하나 펼쳐 보았다. 촉촉함을 담아내고 투명함을 담아내기
엔 샤인 머스캣이 최고였다. 옅은 색깔의 접시도 비취색 고려청
자의 색깔같이 고귀한 도자기 느낌이 들었다.

오늘의 이 기운을 어찌 표현해야 할까? 세상의 그 어떤 단어를
가져다 놓아도 내 맘을 채울 단어가 있을까? 감동과 눈물의 도
가니 속에서 나의 작은 우주를 접시 위에 신중하게 풀어내 보았
다. 촉촉한 과일의 단면 안에 가진 각각의 모양, 색깔, 촉촉함이

어우러져서 찬란한 빛을 낼 것이다. 이런 어우러짐이 서로 연결되고 많은 이야기를 풀어내는 중이다. 중심은 흔들리지 않는 나의 마음, 평정을 의미한다. 지금 이대로도 나는 이미 충만하다. 성장이란 말이 다가왔다. 마지막 수업을 하며 그래도 덜 감정에 매몰되고 좀 더 나를 바라볼 수 있게 되었다. 확실히 예전보다는 덜 슬프고 힘들다. 누구나 겪는 보편적 경험들이겠지만 그 경험들 속에서 항상 나만 많이 힘들다고 내 감정에 취해 살았던 예전의 모습보단 '내가 성장했구나!'를 느낀다.

생기발랄은 왕자와 공주란 안전한 공간 속에서 자유를 느끼고 나를 바라보고 성찰하고 자신감을 얻어가고 있다. 마지막 수업이었지만 사랑의 언어를 선사해주신 같이 공부하고 있는 선생님들, 그녀의 도반(道伴)들께도 감사함이 느껴졌다. 자신에게 몰입할 수 있었던 과정들 속에서 잠시나마 편안했었다. 이 따뜻한 공기를 느끼고 연결됨을 느껴본다. 오늘의 울음이 두고두고 기억에 남을 것만 같다.

Epilogue
에필로그

〈휴식〉

　　어느덧 푸드 표현으로 아이들과 만나는 시간이

올해로 5년째가 되었다. 처음 여기 들어 왔을 때 많이 어리고 미숙한 모습이 떠오른다. 왕자와 공주라는 상담 학습동아리를 만나고 나를 진솔하게 표현했다. 어쩌면 꺼내 보이고 싶지 않은 모습을 꾸역꾸역 재료 하나하나에 의미를 부여하며 나를 그리듯 접시 위에 내면의 풍경을 담아내 보았다. 그런 모습의 나를 직면한다는 것은 나에겐 대단한 용기가 필요한 작업이었다.

작품을 표현한 후 같이 공부하는 선생님께서 긍정적 피드백을 해주실 때면 작품이 나에게 말을 걸어 주듯 나를 알아차리게 해주는 순간들이 있었다. 이상한 기운이 몸으로도 전해졌다. 이 과정들은 '중독'과도 같았다. 어느 곳에서도 해 보지 못한 신기한 경험이 머리에서는 알아차림을 주고 그 알아차림으로 인한 감정이 몸으로 전해지는 이 일련의 과정들이 말이다.

오롯이 나를 위해 준비하는 공간이며 시간이었다. 같이 공부하며 어느 순간에는 생각의 전환을 주시고 어느 때는 힘든 나를 일으켜주며 지지해주시고 또 긍정적 피드백을 나눠 주신 여러 선생님들과 리더 선생님께 감사 인사를 드린다.

마음을 담아 '지금 여기 평온한 나'를 만들어 주신 모든 분들에게 '감사합니다. 그리고 사랑합니다.'

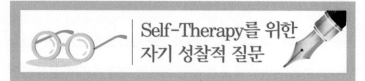
1. 양극을 왔다 갔다 하는 감정이 있나요? 그렇다면 도대체 나에게 감정이란 무엇인가?

   가. 부정적 감정을 숨기기보다 감정을 표현하는 것은 어떤 차이를 가져올까?

   나. 내가 감정을 숨길 때, 감정을 적극적으로 나타날 때는 언제인가?

   ----

2. 어떤 자극에 나의 반응이 과하게 나타나는가?

   가. 그 상황에서 어떤 감정을 주로 느끼는가?

   나. 촉발하게 하는 상황은 무엇인가? 그때의 기분은?

   다. 그때 내가 기대하는 나의 모습은?

   ----

3. 나를 얼마나 확신하십니까?

   가. 내가 옳다고 주장하는 것과 나를 믿고 확신하고 나아가는

것은 어떤 차이가 있는가?

나. 그 속에서 나는 내려놓음과 포기하는 것(회피)을 구분하는가?

----

4. 내가 생각하고 있는 이 상황이 지금 당장 일어나는가?

가. 내 삶은 펼쳐지는 대로 그대로 지나가도 된다. 흐름에 맡겨
도 된다고 생각하는가?

----

5. 두려움은 이겨내야 하는 대상이 아니라 누구나 느끼는 보편적
감정이다. 나는 그런 나를 얼마나 수용하고 친절히 대해주고
있는가?

----

6. 어떤 감정이 강하게 나타나는 촉발 상황에서 지금 나는 생존모
드인가 관찰자 모드인가?

----

7. 고통과 아픔이 있을 때 자기를 따뜻하고 부드럽게 대할 필요가
있다. 자신에게 더 친절하게 대하기 위해 나에게 필요한 자애
문구가 있다면 무엇인가요?

Contents
차례

제6장
기댐

정재숙 (별칭 : 정해(定解))

- 푸드표현상담사 1급
- 보드게임지도사 1급
- 한국에니어그램협회 교육강사 2급
- 상담학습전문공동체 '왕자와 공주' 18기
- E-mail. 90911436@naver.com

기댐

정재숙
푸드표현상담사 1급

Prologue
프롤로그

슬프게도 상처는 주름 같아서 한번 생기면 사라지지 않는다.

그뿐 아니라 이생에서의 삶은 늘 새로운 상처와 주름을 만들어

내기까지 한다. 우리가 할 수 있는 일은 주름을 완전히 없애는

것이 아니라 주름을 정리해 플리츠를 만드는 것이다.

– 유성은의 나를 찾아가는 직업 중에서 –

대야에 가득 차 넘치기 직전의 물처럼 조금의 진동에도 눈물이 넘쳐흘렀다. 이런 내가 조금은 편해져 보고자 푸드표현을 했는데 하면 할수록 어렵고 끊임없이 눈물을 흘렸다. 나를 알아차리고 나를 드러내고 나를 표현하는 것은 불편하고 낯설었다. 괜찮은 척하며 지낸 시간에도 나는 알고 있었다.

저 깊숙이 숨겨놓고 꺼내 놓지 않았던, 나는 알고 있었던 내 모습, 회기를 거듭할수록 내가 모르던 내가 아닌, 나는 알고 있었던 내 모습을 꺼내면서 알고 있음에도 뻔뻔하게 담담해 하는 내가 참 꼴 보기 싫었다. 요리조리 다듬고 꾸며서 보이고 싶은 것만 드러내면서도 나는 "그건 괜찮아, 원래 그런 거야"라며 스스로 합리화하고 있었다.

회기를 마치며 지난 시간을 다시 보고 싶지 않다고 생각했는데, 이렇게 책을 쓰면서 그때보다 더 자세히 들여다봐야 하는 시간이 많이 힘들다. 최대한 시간을 끌어보지만 결국은 마주해야 하는 내 모습이다. 하지만 부끄럽지는 않다.

01

내 안에서
내가 편안해지기를

〈보호하고 보호받는 나〉

남편과 나의 관계.

나는 우리의 관계가 거울 같다는 생각을 한다.

서로를 비추고 있지만 모든 것을 반대로 비추는 거울.

거울 속에서는 왼쪽과 오른쪽의 기준이 바뀌듯

우리의 옳고 그름의 기준도 반대인 경우가 더 많다.

내가 편안해지기를 바라는 마음이 컸다. 혼란조차도 내가 해결할 수 있다고 생각했는데, 어느 순간 아무리 애를 써도 달라지지 않는다는 것을 알았을 때, 막막함과 불안, 절망을 느꼈다. 남편을 떠올리면 답답함이, 아빠와 같이 있는 아이들을 생각하면 긴장감이, 그 속에서 너무 많이 애쓰고 있는 내가 안쓰러웠다. 치열하게 싸워도 봤으나 항상 원점으로 돌아갔다. 내가 원하는 것이 무엇인가?? 그 질문에 계속 파고들었다. 나는 남편에게 공감받고 보호받기를 원했다. 건강한 부모가 되기를 원했다. 집이 안전한 공간이 되길 간절히 원했다. 남편은 변화를 거부했다. 변화를 원하지 않는 사람을 변화시키는 것은 불가능했다. 내가 나답지 않아지는 것이 싫었다. 내가 할 수 있는 것을 하기로 마음먹었다.

 작품설명

변화를 거부하는 남편, 그런 남편을 보는 내가 편안해지기를 바라는 마음을 표현했습니다. 빨간 고추는 꽃을 좋아하는 남편을, 가정을 보호하고 보호받고 싶은 나는 마늘대로 울타리를 표현했고, 방울토마토 3조각은 세 아이이고 아이들로 인해 성장하는 부모의 모습을 마늘대로 표현했습니다.

피드백

- 울타리 안 꽃 색의 조화, 빨간 꽃이 씨앗을 퍼트리기 전의 모습이다.
- 울타리의 경계가 없다(자유롭다).
- 혁명, 수국은 씨앗이 없다. 그런데 고추가 달렸다. 생명이 만들어질 수 없는 공간에 생명이 생겼다.

 셀프저널

그녀는 어떤 막막함에 맞서보고자 왕자와 공주를 하게 되었다.

그녀는 먼저 자기 충전의 시간을 잘 가져야 한다.

어서 빨리 그녀가 편안해지기를 바란다.

02 그리운 순간

〈그립다〉

인생에 시기라는 것이 있을까?

늦고 이르고의 기준이 헷갈린다.

봄에 폈다면 다른 화려한 꽃에 묻혀 평범하게 져버릴 동백이

겨울에 핀다는 이유만으로 환영을 받는 것은

동백에게는 좋은 일이지만,

봄에 꽃을 피우지 않았다고 해서 동백이

봄에 아무 일도 하지 않는 것은 아니다.

-유성은의 나를 찾아가는 직업 중에서-

언제부터였는지 알 수는 없지만, 나에게 엄마는 힘들고 불편하다. 다른 이들에게 내 엄마 이야기를 하는 것은 언제나 불편한 일이었다. 저 때의 엄마 나이가 된 나는 엄마를 어떻게 받아들이고 있나? 지금 내가 겪고 있는 이 고민들을 엄마도 했을까? 엄마의 뚫린 가슴은 어떻게 치유되고 있었나? 나는 내 아이들과 공감하며 지내고 있는데 엄마에게 나는 어떤 존재였을까? 눈을 감고 호흡을 하며 내가 어렸던 그 시간에 집중을 했다. 마음은 긴장되고 머릿속에는 많은 생각들이 떠올랐는데 어느 순간 엄마의 냄새가 나면서 그때의 느낌이 떠올랐다. 엄마가 누우면 엄마의 품을 파고들어 팔을 베고 누웠다. 엄마한테서 나는 땀 냄새, 나를 감싸는 엄마의 팔, 엄마의 배를 만지고 있는 내 손, 마주한 얼굴에서 느껴지는 엄마의 콧바람, 엄마의 얼굴……. 잊어버리고 있던 순간이었다. 기분이 묘했다. 나는 사랑받고 있었다. 엄마 품에서 쉬고 있었다.

작품설명

1~13세(세 가지 키워드 : 바쁨, 조건 없는 사랑, 만족)의 시기의 내 삶에서 중요한 것을 표현했다. 명상을 하면서 나의 어린 시절을 떠올렸는데, 엄마의 냄새가 느껴졌다. 엄마는 많이 바빴다. 엄마의 팔을 베고 누우면 엄마 냄새가 났다. 땀 냄새와 같은 비릿한 냄새가 났지만 그 냄새를 좋아했다. 아무 조건 없이 나를 바라봐주는 그때가 그립다.

 피드백

- 발등에 아이를 올리고 추는 댄스 중이다. 그립다.
- 엄마의 머리(부처님이 떠오른다). 색감의 조화가 좋다.
- 아기보살, 아이가 접시의 중심에 있다.

 셀프저널

그녀는 어린 시절을 떠올리고, 기억하고, 표현하라고 했을 때 머리는 어지러웠고, 뭘 해야 할지, 어떤 표현을 해야 할지 막막했다. 표현하면서 생각은 정리가 되었지만, 과거와 지금을 연결시키는 것을 힘들어했다. 작품을 완성하고 작품을 가만히 보면서 어린 시절의 따뜻함이 떠올랐고, 두근거리던 가슴도 진정이 되었다. 그녀는 자신을 잘 안다고 생각했는데, 착각이라는 것을 알아차렸다.

03 버티다

〈무겁다〉

〈덜어내는 중〉

인생은 세상을 경험하는 것이지만

인간으로서 자기 자신을 체험하는 것이기도 하다.

－박노해의 걷는 독서 중에서－

누구의 도움도 없이 내 인생을 책임지고 살아가

기를 원했다. 바득바득 애를 썼다. 경제적 자립을 하면서 자유가 찾아온 줄 알았다. 지금까지 그렇게 살아온 줄 알았다. 내가 하고 싶은 것들을 하나씩 해나가며 찾아가며 나는 괜찮은 시간을 보낸 줄 알았다. 나를 책임져야 하는 무게가 무거웠다. 자유로운 척, 잘 사는 척, 괜찮은 척, 누구에게 기대지도 않고 기댈 줄도 모르고 그렇게……. 나는 나에게 부족한 것이 무엇인지 알고 있었다. 그 부족한 부분을 들키지 않으려 아는 척을 했고, 모든 것을 알고 있는 듯 사람들을 대했다. 그런 것들이 내가 원해서 그러는 줄 알았다. 하지만 그건 내가 원한 게 아니라 들키지 않으려 애쓰고 있는 나였다.

 작품설명

자립을 위해서 버티고 있는 "나"를 표현했다. 버티기 위해 계속 힘을 주고 있고, 힘을 빼야지 하면서 힘을 빼는 것조차 어렵다. 힘을 주면서 힘을 빼려 하는 나를 발견했습니다.

 피드백

- 거꾸로 보면 큰 배의 닻 같다. 오래 정박되어 있는 닻에 붙어 있는 전복, 조개, 불가사리 등등 의외의 수확이다.
- 사람 얼굴 : 한쪽은 눈을 크게 뜨고 있고, 한쪽은 가리고 입

은 미소를 짓고 있다.

- 머릿속의 많은 생각들, 머릿속 은 복잡하지만 담담하게 웃고 있다.
- 식물원 유리(접시): 식물원에 있는 심긴 나무를 보기 위해 사람들이 찾아오겠다.

 셀프저널

그녀는 자신의 모든 것을 책임질 수 있는 나이와 상황이 되기를 기다렸을 것이다. 하지만 행복한 자립이라기보단 책임지는 자립이 무겁게 그녀를 누르고 있었다. 엄마에게 받지 못한 정서적 안정과 공감을 다른 이들에게 들키지 않으려고, 다른 이들을 공감하고 이해하려고 노력하고 있는 그녀가 안쓰럽다.

철들어가고 있다

〈철들어가고 있다〉

'엄마' 라는 직업은 이상하다.

혼자는 할 수 없고 누군가 시켜줘야 할 수 있다.

내가 낳은 누군가가. 그런데 한번 계약하면 그 계약은

파기할 수도 없다.

'구 엄마' 는 없기에 이건 뭐 종신도 아니고

누군가 하나 현세에서 지워진다 해도

끝이 나지 않는다.

- 유성은의 나를 찾아가는 직업 중에서 -

어린 시절을 회상해 보면 나는 엄마에게 감정적 공감을 받지 못했다고 느꼈고, 그 감정은 때때로 공허함으로 다가온다. 이런 나는 아이들과 정서적으로 친밀한 교감을 하면서도 이것이 진짜일까? 하는 의심이 들어서 내 진심을 믿지 못하기도 했다.

큰아이가 자라면서 자신의 감정을 솔직하게 표현하는 모습을 보며 나는 아이가 표현하는 모든 것에 공감해주고 싶다는 생각이 강하게 들었다. 마음 한편으로는 "나는 엄마가 나를 대했던 것처럼 하지 않을 거야, 나는 좋은 엄마가 될 거야." 하며 보여주고 싶은 마음도 있었다.

처음 부모 교육을 접했을 때 모든 과정이 좋았다. 하지만 분명히 부모 교육이라고 했는데 자신을 들여다보는 공부였다. 그때의 혼란을 생각하면 지금도 어지럽다.

둘째가 7살 어느 날에 '나의 라임오렌지 나무' 책을 읽고서 나에게 '엄마는 언제 철이 들었어?' 라고 물었다. 나는 '지금 철이 들어가고 있어' 라고 답하고 나서 '철이 든다는 건 무엇일까?', '어떻게 해야 철들어가는 것인지? 완성은 있는지?' 등으로 한참을 고민에 휩싸였다. 나에게 철이 든다는 것은 감정적 기복이 없는 상태일 듯하다. 나는 이런 상태가 나에게 없을 것 같았고 불가능해 보였다. 그래서 나는 고민을 하지 않기로 했다. 나를 불편하게 만드는 서운하고 속상하고 원망스러운 감정을 애써 회피하며 한쪽으로 치워두었다. 그러나 아이들이 성장하는 과정에 나도 나이가 들면서 이 감정들에 관심을 가지게 되었고, 나의 실수와 부족함을 인정하면서 내가 철이 들어가고 있다는 것을 알게 되었다. 내가 철이 든다는 것은 해야 할 것과 하지 말아야 할 것을 구분할 수 있게 된 것이기도 하다. 내가 해야 할 것은 말의 순화였다. 의식적으로 좀 더 부드럽고 친절하게 말하는 것이다. 하지 말아야 할 것은 생각나는 대로 말을 뱉어내는 것과 비교하는 말, 그리고 아이들의 밝은 표현 앞에 있는 나의 무표정이었다. 나는 지금 진행 중이다. 철이 들어가는 내가 맘에 든다.

작품설명

도토리묵은 성장해나가는 내가 올라가고 있는 계단으로 표현했고, 엄마가 되고 철이 들어가고 있음은 채소를 이용해 봄, 여름, 가을, 겨울로 표현했습니다.

 피드백

- 천국의 계단에 올라가는 모습이다. 그곳에 가면 모든 것이 이루어질 공간이다. 곧 그런 경지에 오를 것이다.
- 단군신화에서 환웅이 세상으로 내려올 때 가져온 천부인 같은 신성한 물건처럼 보인다. 인간을 이롭게 하기 위해 한 발 한 발 내딛는 성인 같기도 하고 가족을 위해 귀한 가치를 품고 세상으로 용기 있게 걸어가는 엄마의 뒷모습 같기도 하다.

 셀프저널

그녀는 괜찮은 엄마가 되기 위해 노력한다. 자신의 품에서 아이들이 온전하게, 단단하게, 따뜻하게 자랄 수 있도록……

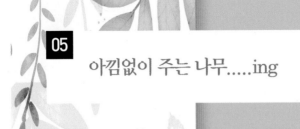

05

아낌없이 주는 나무.....ing

〈위대한 나무〉

알려지지 않았다고

존재하지 않는 것은 아니다.

드러나지 않는다고

위대하지 않은 것은 아니다.

– 박노해의 걷는 독서 중에서 –

아버지에게 전화가 왔다. "마늘 까놨으니 시간 날 때 와서 가져가라. 바쁘면 내가 갖다줄까?" 하신다. 여든이 넘으신 지금도 우리들에게 줄 무언가를 준비하고 다듬고 계신다. 어릴 때 나는 아버지 앞에서 쉼 없이 떠들어댔다. 그런 나를 웃으며 봐주셨다. 커서는 엄마에게 할 수 없었던 이야기를 아버지에게 했다. 내 이야기를 끝까지 들어주시고 "그렇네"라고 해주시는 아버지가 좋았다. 나에게는 든든한 버팀이지만 아버지는 당신의 삶보다 남편, 아버지의 삶을 살아오셨다. 가끔 쓸쓸해 보이는 아버지의 모습이 보인다. 자신을 위해 뭔가를 해본 적이 없어 은퇴 후 무얼 해야 할지 방황하셨다. 그러다 작은 땅에 이것저것 키우기 시작했는데 말이 텃밭이지 일 년 내내 밭에 사신다. 사계절 내내 밭에 무얼 심어야 하는지 어떻게 키워야 하는지 고민하고, 일하시고, 그 결과를 또 자식들에게 나누어 주신다. 나는 아버지가 참 좋다.

 작품설명

아버지는 언제나 우리 가족의 커다란 버팀목이다. 신경질적인 엄마를 보호하고 그런 엄마의 무게를 자식들에게 주지 않으려 하신다. 아버지를 생각하니 "아낌없이 주는 나무"가 생각났다. 가족들을 위해 헌신하시고 베풀어 주시고 기댈 수 있게 등도 내어 주셨다. 언제나 "나는 괜찮다" 하신다.

피드백

- 흐뭇한 표정을 짓고 있는 얼굴이 떠오른다. 밝고 유쾌하고 따뜻한 생각으로 가득 차 있는 머리, 곧은 콧날, 깊이 응시하는 눈동자 같다.
- 오랜 세월을 지탱해온 뿌리 깊은 거목이 생각난다. 결코 거친 태풍에도 쓰러지지 않을 거목은 때가 되면 잔뜩 열매를 맺고 베풀어 주기도 하고, 한여름 뙤약볕에는 큰 나무 그늘을 만들어서 사람들을 쉬게 만드는 나무라서, 마음 깊숙한 곳으로부터 올라오는 든든함이 느껴진다.

 셀프저널

그녀는 아버지를 생각하면 든든하다. 어릴 때는 마냥 좋았다. 쉬지 않고 떠들어대는 그녀를 예뻐해 주었다. 그녀가 어른이 된 후에는 묵묵히 지켜봐 주었다. 엄마에게는 할 수 없는 속상한 이야기도 잘 들어주었다. 그런 아버지가 계셔서 그녀는 좋다.

06

긴장감을 내려놓고
마음껏 떼쓰고 싶다

〈나가지 마!!〉

나는 나의 일을 하고 너는 너의 일을 한다.

나는 너의 기대에 부응하기 위해 이 세상에 있는 것이 아니다.

너는 나의 기대에 따르기 위해 이 세상에 존재하는 것이 아니다.

너는 너, 나는 나

만약 우연히 우리가 서로를 발견하게 된다면

그것은 아름다운 일

만약 서로 만나지 못한다고 해도

그것은 어쩔 수 없는 일

– 프리츠 펄스의 게슈탈트 기도문 중에서 –

엄마를 떠올리면 몸이 먼저 긴장을 한다. 엄마에게 전화가 오면 받을지 말지를 고민한다. 엄마에게 전화를 하는 것도 쉽지가 않다. 내가 뭔가를 알기 시작하면서부터 편하지 않은 관계가 지금까지 이어져 왔다. 엄마는 많은 것을 요구했다. 하지만 그 요구는 우리를 위한 게 아닌 오로지 엄마를 위한 것이었다.

넉넉하지 않은 살림에도 엄마는 우리를 잘 챙겨 먹였다. 지금 생각해봐도 먹거리에 아쉬움은 없었다. 하지만 정서적 안정은 받지를 못했다. 고민이나 일상을 말하지도 못했다. 그 허전함을 채우기 위해 반항과 요구를 했었지만 그것 또한 유별난 막내의 투정으로 받아들여졌다.

내가 엄마가 되고 '나는 내 아이들에게 엄마처럼 하지 않을 거야.'라는 다짐을 하고 키우면서도 마음 한가운데 구멍이 뚫린 것처럼 시릴 때가 있다. 왕자와 공주 상담전문학습공동체를 하면서 내가 그 구멍을 메우고 싶은 마음이 크다는 걸 알았다. 내가 엄마에게 원하는 건 나의 안부를 물어주는 것이다.

 작품설명

엄마는 저희를 잘 먹였습니다. 다양하게 맛있게 푸짐하게. 하지만 저희가 나가는 것은 좋아하지 않았습니다. 한 상 가득 음식을 차려주고도 맛있게 먹으라는 따뜻한 말없이 불만과 불만족을 표출해내는 엄마를 이해하기 어려웠습니다. 맛있는 음식을 가득 차려주시고 등 돌리고 앉아 있는 엄마를, 오이는 집 밖을 나가지 못하게 하는 것을 표현했습니다.

 피드백

- 잘 차려진 밥상, 기쁘게 먹지 못할까?? 극과 극의 감정
- 게릴라 콘서트 : 오픈 전 침묵, 정적의 시간
- 엄마(마을의 우물) : 마을을 지켜내야 한다. 우물에 제를 지내는 모습

셀프저널

그녀는 엄마와의 관계가 편하지 않다. 엄마를 편하게 불러 본 적이 언제였는지도 기억나지 않는다. 그녀가 바라는 건 엄마의 따뜻한 말 한마디와 등을 쓰다듬어주는 손길이다. 엄마에게 속상했던 일들을 아무 걱정 없이 이야기를 하고 싶어 한다. 무엇이 그녀를 불편하게 만들었을까? 어디서부터 잘못되었을까? 그녀는 항상 궁금하다.

07 우리가족 밀당 중

〈들어와〉

〈너와 나와 우리〉

집이란 언제든 말없이

나를 받아주는 이가 있는 곳

다친 새처럼 상처받은 존재들이

그 품 안에서 치유하고 소생하고

다시 일어서 나아가는 곳이니

나는 내 마음을 잘 알고 표현할까?

가족은 나에게 마음을 편하게 표현하고 있을까?

내가 표현한 마음은 가족에게 잘 전달되고 있을까?

가족이 표현한 기분은 그대로 받아들이고 있을까?

'내 맘 같지 않다' 내가 할 수 있는 게 아닌데도,

상대방의 마음을 어쩌지 못해 힘들 때가 많다.

그저 내가 할 수 있는 건, 내가 내 마음을 알아차리고,

그 마음을 정확히 표현하고,

내 진심이 그대로 받아들여주길 바랄 뿐이다.

남편 역시 힘들어하고 있다.

그런 남편이 자신의 마음을 알아차리고,

그 마음을 정확히 표현하고, 그 진심이 나에게 와서

닿는다는 걸 알아차리기를 바란다.

남편이 편안해지기를 바란다.

작품설명

마음을 열지 못하고 외로워하는 남편의 밀당을 표현했다. 키위 껍질은 가정의 테두리를 표현했고, 꽃은 가족을 표현했다. 문 언저리에 있는 꽃은 남편이다. "나를 챙겨줘", "나를 봐줘", 하다가도 "나는 괜찮아", "아무렇지도 않아" 하는 남편을 표현했습니다.

 피드백

- 아름다운 성전 안에 보물이 숨겨져 있고, 문이 열리기를 기
- 다리는 사람들.
- 문이 열리지 않아 답답하다. 보물을 만나길 기다리고 있다.
  방 탈출 게임 : 키위의 꽃은 방 탈출의 퀴즈 힌트

 셀프저널

그녀는 응원과 지지를 받고 있다. 힘든 그녀의 마음이 편안해지기를 바란다. 나 아닌 다른 사람을 변화시키는 게 어렵다는 걸 알고 있다. 그래서 그녀는 그런 상대방을 바라보는 자신의 마음을 변화시키겠다고 마음먹었다. 그녀는 아직은 아무것도 모른다.

회기를 마치며 지난 시간을 다시 보고 싶지 않다고 생각했는데, 이렇게 책을 쓰면서 그때보다 더 자세히 들여다봐야 하는 시간이 많이 힘들다. 최대한 시간을 끌어보지만 결국은 마주해야 하는 내 모습이다. 하지만 부끄럽지는 않다.

Epilogue
에필로그

눈물이 날 때의 그 진실한 기분

허위가 씻겨져 내려가는 기분

나는 우는 걸 좋아한다.

– 박노해의 걷는 독서 중에서 –

눈이 **빨개지고**, 글썽글썽 눈물이 고인다.

자연스럽게…….

이제 주위 사람들도 나의 눈물에 의미를 부여하지 않는다.

궁금해하지 않는다.

지금 이 순간도 눈물이 흐른다.

좋다.

눈물을 흘릴 수 있어서,

그래도 괜찮다고 해주는 사람들이 있어서,

눈물을 닦아주는 손이 있어서, 안아주는 두 팔이 있어서..

여전히 힘들다.

나를 마주하는 것은.

하지만 뱃심이 좀 생겼다고 해야 하나…….

조금은 단단해진 듯하다.

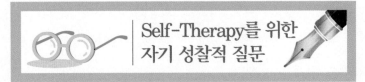

Self-Therapy를 위한
자기 성찰적 질문

1. 당신을 힘들게 했던 일이 있나요?

   가. 그 순간을 생각하면 어떤 감정이 드나요?

   나. 다시 그 순간이 된다면 어떻게 대처할 수 있나요?

   ----

2. 자신을 잘 알고 있나요?

   가. 내가 생각하는 "나"는 어떤 모습인가요?

   나. 다른 사람에게 보여주고 싶은 "나"는 어떤 모습인가요?

   ----

3. 마음이 불편하고 불안해지는 순간은 언제인가요?

   가. 스스로 견뎌낸다는 건 어떤 기분일까요?

   나. 당신에게 내미는 손길에 기댈 수 있나요?

   ----

4. 당신이 배우자를 선택한 이유(그리고 숨은 이유)는 무엇인가요?

   ----

5. 당신의 감정을 표현한다는 건 어떤 기분이 드나요?

Contents
차례

최진태(별칭 : 태리)

- 교육학 박사
- (현)대아중학교 Wee클래스 상담실장
- (현)경남가족상담교육원 대표
- (전)한국청소년상담학회 학회장 & 수련감독
- (현)한국사티어변경체계치료학회 이사
- (현)한국에니어그램협회 상임이사 & 인증지도자
- (현)한국에니어그램상담학회 이사 & 수련감독
- (현)한국미술치료상담학회 교수위원 & 수련감독
- 한국푸드표현예술치료협회 마스터강사
- NLP(Neuro-Linguistic Programming) Trainer
- MSC(Mindful Self-Compassion) Trained Teacher
- Virtue F/T
- 상담학습전문공동체 '왕자와 공주' 지도자
- E-mail. jintae64@gmail.com

자기 역사를
표현하고 회복하다

최진태

교육학 박사

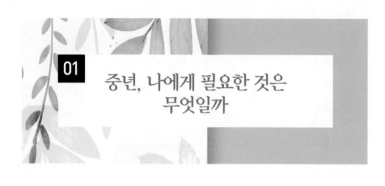

01 중년, 나에게 필요한 것은 무엇일까

50대 후반, 늘 새로운 나이를 사는 것은 낯설다. 익숙한 듯하다가도 낯선 나를 보는 것은 어쩔 수가 없다. 중년의 끝자락에 와 있으면서도 마음은 조급하고 미흡함에 답답하기도 하다. 중년기는 결실의 시기이고 인생의 두 번째 기회라고 한다. 동시에 상당한 상실을 경험하며, 가족의 위기와 문제가 발생하는 실연의 시기이기도 하다. 이런 위기는 심각한 신체적 질환, 부부관계의 갈등, 청소년기 자녀와의 갈등, 부모부양에 대한 과도한 책임, 의존적인 성인 자녀 등 가족관계가 중요한 원인이 되어 발생할 수 있다. 인생 주기로 볼 때 중년기는 성숙기로 결실단계이며 통합의 시기이다. 자기 자신에 대해서 가치관을 재정립하고 생활도 안정되고, 삶의 의미와 목적을 찾으려는 시기이다. 나는 이 시기를 지나고 있지만 뭔가를 알듯도 한데 확실하게 손에 잡히는 것은 없다. 이것이 삶이라 하지만 허전함이 밀려들 때면 걷잡을 수 없이 공허해지고 무력해진다.

중년기를 건강하게 보내기 위해서는 자존감이 높이고 위기감 수준과 우울 정도를 낮추는 것이 필요하다. 이렇게 될 때 자기 인생의 의미를 높게 평가하게 된다. 중년기의 자존감을 높이는 데 영향을 주는 요인으로는 자기 존재감, 일치적 표현, 자기-돌봄, 자기-이해, 자기-존중, 자기-인정, 자기-선택 등이 중요하다. 즉 자신에 대한 이해와 자신을 존중하고 친절하게 돌보는 것이 중요하다. 내가 나에게 따뜻함으로 대하는 사람이길 바라고, 내가 나에게 사랑으로 대하는 사람이길 바라는 것이다. 나라는 존재가 귀하다는 것을 자기 자신이 받아들일 때 치유가 급격하게 일어난다.

경험적 가족치료의 대표인 Satir는 자아존중감이 형성되는 곳을 원가족 삼인군이라 보았고 자아존중감의 중요성을 강조하였다(1991). 부모의 애정과 자율, 수용, 합리적인 양육 태도와 개방적 의사소통으로 자녀에게 가치 있는 존재이고 소중한 사람이라는 메시지를 전달하면 자녀는 자신을 가치 있고 중요한 존재이며, 사랑받고 있다는 것을 수용함으로써 건강한 자존감이 형성된다.

〈지혜로운 어머니〉

우리는 환경이 좋아지면 우리가 문제라고 여기는 많은 것들이 해결된다. 맞는 말이다. 배우자가 개과천선하고 부모가 관대하며 우리에게 용서를 구하고, 자녀가 자발적으로 열성적인 삶을 살고 성공해 간다면 무엇이 문제이겠는가? 직장이나 지역사회가 나를 위해 배려하고 존중하며, 내가 원하는 것을 그들이 이미 하고 있다면 무엇이 문제이겠는가? 우리는 상대가 내가 원하는 대로 해주길 기대하는 것에 너무 많은 에너지를 사용한다. 그리고 상대가 그것을 제대로 알아주지 않고, 내 기대와 뜻대로 되지 않으면 힘들다고, 불편하다고, 서운하다고, 원망스럽다고 한다. 나에게 중요한 환경인 상대가 내 취향대로 바꿨으면 얼마나 좋겠는가? 그러나 이것은 환상이다.

우리가 외부 환경을 변화시키더라도 그 한계를 갖고 있다. 내 부모도, 배우자도, 자녀도 나에게 의미 있는 사람이지만 외부 환경이다. 내 아이이지만 내가 원하는 대로 할 수 없다는 것은 청소년기 아이가 절절하게 보여준다. 그러나 자신의 내면은 변화시킬 수 있다. 그 변화는 누구나 가능하다. 우리는 과거를 바꿀 수 없다. 그러나 우리는 과거가 끼친 영향만을 바꿀 수 있다. 부모도 부족한 인간이라는 사실을 인정하고 수용할 때 부모의 부정적 영향에서 벗어나 일치적 인간이 될 수 있다. 현재 자기 자신 모습을 인정하고 수용할 때 우리 내면의 변화가 더 깊어진다. 치유는 어떤 행동을 함으로써도 일어나지만 지금 나에게 일어나고 있는 것을 받아들이고 깊이 인정하는 것으로도 일어난다.

중년기에 있는 내가 행복하고 잘 사는 것은 나의 배우자와 아이들과 정서적으로 따뜻하고 친밀한 대화와 나 자신 내면의 소리에 귀를 기울이는 것, 내가 무슨 말을 하는지 자각하는 것 그리고 자신에 대한 기대와 열망이 무엇이며 그것들이 현실적으로 충족될 수 있는 것인지 알아차리는 것이며, 고요한 가운데 더욱 명료해지는 지혜를 통해서 가능하다. 수용을 통해 변화를 경험하는 것 또한 필요하다. 저항하면 할수록 행복과 충만으로부터 점점 멀어진다. 아직 끝나지 않은 상처는 끝내야 한다. 이를 위해서는 자신의 역사를 다시 작성하면서 출생에서부터 현재까지의 성장 과정을 피하지 않고 꼼꼼하게 만나야 한다. 그 만남의 과정에서 용서와 성찰, 참회의 기회를 자신에게 주는 일은 끝나지 않은 상처에게 치유와 자유를 주는 일이다. 중년이 지나가고 있다. 여전히 주변 상황은 좋아질 기미가 보이지 않는다. 나이가 들었다고 저절로 해결되지는 않는다. 그런 우리에게 무엇이 필요할까?

고요함 가운데 있으면 고요하지 않은 것이 드러난다. 그와 같이 내 삶의 흔적에 다시 앉아보면 삶의 여정에서 힘들었던 순간과 함께 빛나는 순간들이 드러난다. 묵상하는 가운데 힘들었던 순간, 억울했던 순간들을 부드럽게 만나 화해할 필요가 있다. 고통스러운 과거는 과거가 되지 못하고 현재에도 그 힘을 발휘한다. 화해는 감정 처리 과정으로 이어지고, 그 경험으로 인해 더욱 성숙한 시선을 갖게 한다. 성숙해진다는 의미는 더 넓은 시각으로 자신을 만나고 이해하고 받아들이는 것이다.

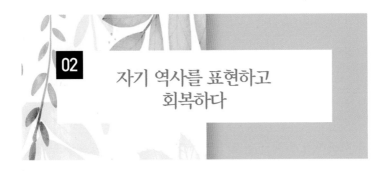

02 자기 역사를 표현하고 회복하다

Takashi는 자기 역사를 쓴다는 것에서 자기 역사를 쓰는 가장 중요한 이유는 자기 자신을 위해서, 즉 자신의 존재 확인을 위해서이다(2018). 다음으로는 가족 혹은 자손을 위해서이다. 가족에게 진정 자신이 어떤 인물이었는지를 알리기 위한 것이라고 하였다.

자기 역사 안에는 인간의 성장 발달 시기에 일어난 변화와 전환적 사건인 가족의 출생이나 사망, 연애, 결혼, 직업의 변화, 인간관계의 변화, 이사, 상실과 성공이 포함된다. 그리고 한 개인의 역사는 가족 역사 안에 포함된다. 즉 가족 역사가 각 개인에게 어떤 영향을 주었는지를 알 수 있다. 자기 역사의 기본은 자기 자신이라는 한 사람이 어떻게 완성되어왔는지 시간의 흐름에 따라서 다시 되돌아보는 것이다.

중년기는 한 개인으로서 가족 역사의 변화와 함께 내적 변화를 심하게 겪고 있거나, 그 모두를 겪었을 수도 있다. 현대는 평균 수명이 80대에 이른다. 현재 중년기에 있는 여성들은 30~40년의 인생을 더 살아갈 것이다. 남은 인생을 신체적, 정신적, 정서적으로 건강하게 잘 살아가는 것은 과제 중 하나이다. 이 과제를 해결하기 위해서 현재가 있기까지의 삶의 큰 흐름과 맥락에 대한 깊은 이해와 수용은 더없이 귀한 성숙할 기회가 된다. 그 안에는 원가족과 현재 가족의 역사를 이해하고 받아들이는 일도 포함된다. 자신의 인생 전체를 자기-연민과 자기-친절로 보듬어 주는 것이다. 그 속에는 기억하고 싶은 사람과 상황들이 아련하고 아름다운 이미지와 느낌으로 빛내고 있기도 할 것이다. 동시에 여전히 우리의 역사에 부정적으로 영향을 미치는 것은 약간의 용기를 가지고 만나 해결하고 넘어가야 한다.

자신과 가족에 대한 느낌을 표현하고 표현된 작품을 이용해 까나페를 자신에게 선물했다. 그리고 집단원이 함께 나누어 먹고 그 아름다움을 공유한다.

자신의 생명과 존재의 가치를 믿으면 치유될 수 있다.

그 믿음은 치유의 문을 여는 열쇠다.

– 슈핑과 맥다니엘의 심리치료의 4단계(2015) 중에서–

자신에 대한 느낌이 부정적이었던 회원들도 있었다. 자신의 생일날이 되면 사랑받지 못하고 외로웠던 느낌이 되살아나 자신의 생일을 축복하는 사람들을 받아들이지 못하여 생일날을 엉망으로 만들고 만다. 이것은 자신에 대한 혐오와 해로운 수치심의 결과다. 거절당하고 소외되었던 아동기 시절의 기억이 생생하기 때문이다. 우리가 자기 역사 연대기를 다시 볼 이유다. 자신을 다시 만나야 한다. 그 만남은 안전한 공간과 환경을 제공하는 이들과 함께해야 한다. 이것은 자신과 타인에 대한 믿음을 재건하는 건강한 일이다.

자신을 억누르던 고통으로부터 벗어나

자유로움을 경험해 보자.

이제 자유롭게 탐험을 떠나보자.

우리 삶의 주인공은 우리 자신이다.

– 슈핑과 맥다니엘의 심리치료의 4단계(2015) 중에서–

자기 역사에서는 극히 개인적인 이야기가 나올 수밖에 없다. 그 이야기를 구성하는 실제는 본인의 시각이다. 이것은 존중받아야 하고 그 시선으로 자신을 더 깊게 바라봄으로써 관점의 변화가 일어나는 것이 중요하다. 본 활동에서는 탄생부터 아동·청소년기를 거쳐 현재까지의 자기 역사를 여섯 시기로 구분하였는데 구분하는 시기의 기준은 각자에게 성장 과정에서 맞이한 전환기라고 할만한 지점이 된다. 또한 이 지점은 가족 역사와 관련성이 깊다. 가족마다 발달단계의 과업 수행 정도가 다르고, 그 역사가 다르듯 내담자 각자들의 자기 역사가 각기 다르기 때문에 일률적으로 시기를 규정하여 정하지 않았다. 자기 역사의 주인공은 각자이고 그 기준도 주관적 관점에서 설정했다. 그렇게 설정된 시기별로 내담자는 중요한 맥락을 고려해서 푸드를 매개로 표현 작업을 한 것이다. 참가자들이 자신 역사의 시기별 제작한 푸드 작품과 대화를 나누고 작품 속에 반영된 자신의 의식적, 잠재의식적 것들을 수용하고 자신과 그리고 가족과 화해할 기회가 된 것이다. 그리고 생명력을 다시 회복하는 기회를 스스로에 허용한 것이다. 이 과정에서 회복된 자기(Self)로 살아가는 중년의 여성은 아름다운 삶 자체일 것이다. 그러길 간절히 바란다.

우리는 자신의 심리적 안녕과 안정감, 즐거움과 기쁨을 공유할 대상을 필요로 한다. 자기 역사 쓰기 푸드표현예술치료 작업 과정에서 돋보였던 것은 서로가 자신을 응원하듯 상대의 삶을 응원하고 지지하며, 감정적 교류가 일어난 것이다. 나의 심리적, 정신적 건강을 유지 시켜주는 누군가 있다는 이 느낌은 기분이 꽤 좋은 일이다.

왕공 회원들이 그런 분위기 가운데서 서로의 삶의 이야기를 통해 체득한 것이 있다. 다른 사람의 삶의 고통에 대한 공감과 연민을 발현한 것, 어떤 사건에 대해 상대에게 들었던 원망과 억울함, 분노 아래에 있는 자신에 대한 슬픔을 만난 것, 자신과 타인의 마음에 눈을 뜨는 일 등이 일어났다. 그리고 자신을 다시 살펴보기가 가능했고, 서로가 한 인간으로 보편성으로 연결된 것을 경험했고, 자기의 독특한 가치를 자신이 다시 새기기도 하였다. 보편성과 개별성은 한 인간의 고유한 모습이다. 왕공 회원들이 자신의 고유한 모습을 회복하는 그 과정에 있을 수 있는 행운을 허락해 주어 함께 한 분들에게 감사하다.

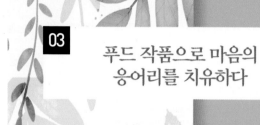

03 푸드 작품으로 마음의 응어리를 치유하다

우리는 누구나 오래전부터 마음 한곳에 감추고 억압시켜 두고 꺼내 보려 하지 않은 크고 작은 응어리인 미해결된 상처들이 있다. 그 상처로 인해 자신이 뭔가 잘못된 부분이 있다고 믿기도 하며, 자신의 감정에 무력해지고, 타인의 감정마저 자신의 책임으로 가져온다. 자신이 느끼는 불편함, 상처, 아픔, 고통, 두려움, 슬픔, 거절, 지루함, 무력감, 좌절, 실망, 수치심, 외로움을 견디질 못한다. 타인에게 받고 싶었던 사랑과 인정, 수용과 돌봄을 받지 못했다고 생각하기 때문이다. 일부는 사실이지만 많은 정보가 삭제되고 왜곡되어 자신의 작은 경험을 일반화하는 경향 또한 있다. 우리가 받은 상처와 아픔과 고통으로 느끼는 정서를 푸드 작품으로 표현하고 나눔의 과정에서 새로운 관점이 더해지면 해결되지 못해 응어리진 감정들이 서서히 풀리고 그 상처를 직면할 수 있게 된다. 그때 우리가 어린아이일 때 해석

하고 의미를 부여하고 지금까지 붙잡았던 그 사건은 이제 과거가 된다. 그런 의미에서 푸드 표현은 자기 역사를 다시 쓸 수 있고, 생명력 회복의 치유에도 효과가 있을 것이다.

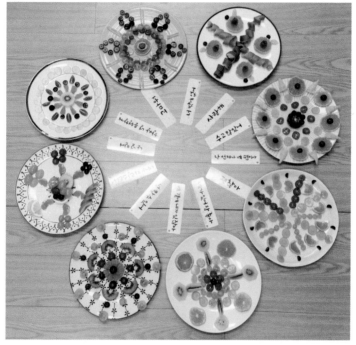

'괜찮아', '수고했어', '널 응원해', '네가 있어 좋아' 등으로 서로를 격려하고 응원하며, 애정어린 위로의 말로 각자의 살아온 삶을 축복해 주었다.

푸드표현예술치료는 모든 사람이 가진 치유의 능력인 자연 치유성, 창의성, 독창성, 자율성을 기본으로 발휘할 수 있다(2019)고 가정한다. 이런 치유의 능력은 우리의 특성을 충분히 이해하고 통합시켜 나가도록 촉진한다. 또한 우리에게는 이런 능력을 뒷받침할 수 있는 믿음과 의지와 수용력이 있다.

'느낄 수 있는 것은 치유할 수 있다.'

– 네프와 거머의 나를 사랑하기로 했습니다(2020) 중에서–

푸드 작품은 자신을 반영시켜 자신의 마음을 드러내는 일이다. 치유는 드러내는 것이다. 그러면 다룰 수가 있다. 안개 속에 있는 혼란스러운 생각, 장벽 뒤에 숨겨둔 감정, 감추어 둔 욕구도 만나서 이야기할 수 있고 그들이 원하는 것이 무엇인지 알 수 있고, 그들의 상기된 마음들을 받아들일 수 있다. 그리고 작품 변형을 통해 새로운 이야기를 작성할 수 있다.

푸드 작품 표현작업은 우리 내면의 잠재의식과 무의식의 부분을 표현한 것이다. 푸드 작품을 통해 느낄 수 있다. 따라서 푸드 표현작업은 능동적이고 적극적인 치유의 과정을 이끈다. 그 과정에 자신의 끝나지 않은 문제와 주제는 수면 위로 올라와 햇빛의 따사로움과 바람의 부드러운 숨결을 접촉하여 뽀송해진다. 끝난 과제는 과거로 들어가 고요해진다. 현재를 느끼며 사는 것이다. 그리고 다시 과거가 올라와도 수면 아래로 숨기거나 억압하지 않는 자신이 된다. 그런 용기와 자신감이 생겼다. 이제부터 세상이 다르게 보인다. 세상이 새롭게 보게 되는 것은 경험한 자의 혜택이다. 누구나 가능하다. 약간의 용기만으로도 가능하다. 같이 해 보시길 바란다.

참고문헌

1장_김미리

류시화(2020). 꽃샘바람에 흔들린다면 너는 꽃. 수오서재.

에크하르트 톨레(2008). 지금 이 순간을 살아라. 양문.

인순이 17집 앨범(2009). '아버지'

2장_박소희

S. N. 고엔카(2017). 고엔카의 위빳사나 명상. 김영사.

디팩 초프라(2013). 우주 리듬을 타라. 샨티.

라마나 마하리쉬(2008). 불멸의 의식. 슈리크리슈나다스아쉬람.

루이즈 하트(1999). 오늘이 좋은 이유 365. 좋은생각.

미치 앨봄(2005). 천국에서 만난 다섯 사람. 세종서적.

박노해(2021). 걷는 독서. 느린걸음.

법륜 스님(2012). 깨달음. 정토출판.

법정 스님(2017). 무소유의 행복. 산호와진주.

에크하르트 톨레(2008). 지금 이 순간을 살아라. 양문.

파울로 코엘료(2001). 연금술사. 문학동네.

5장_이은숙

박노해(2021). 걷는 독서. 느린 걸음.

6장_정재숙

박노해(2021). 걷는 독서. 느린걸음.

유성은(2022). 나를 찾아가는 직업. 마음산책.

프리츠 펄스. 게슈탈트 기도문.

시작하면서와 마치는 글_최진태

김민용, 김지유(2019). 건강하고 맛있는 창의 융합 푸드표현예술치료, 창지사.

김영애(2020). 사티어 경험주의 가족치료: 이론과 실제, 김영애가족치료연구소.

마거릿 폴(2013). 내면아이의 상처 치유하기. 소울메이트.

마타 슈핑, 데비 맥다니엘(2015). 심리치료의 4단계, 책과 세계.

신혜섭(2006). 중년기 위기와 가족 스트레스, 생활과학연구, Vol.11 No.-.

이길자(1991). 일부 지역 중년기 여성의 자아개념과 우울 및 자각증상의 관계,
　　　　연세대학교 석사학위 논문.

이화자(2008). 경험적 부부집단치료 프로그램의 개발과 효과성 검증 : Satir성장
　　　　모델과 비폭력대화(NVC)모델의 통합, 성균관대학교 대학원 박사학위 논문.

장은경, 박은혜, 김희진(1998). 만 3세아 발달에 대한 어머니와 교사의 기대,
　　　　대한가정학회지, Vol.36 No.4.

최진태 외(2021). 푸드표현상담을 통한 치유와 성장, 양성원.

크리스틴 네프, 크리스토퍼 거머(2020). 나를 사랑하기로 했습니다. 이너북스.

Satir, V. Banmen, J. Gerber, J. Gomori, M.(1991). The Satir Model
　　　　Family Therapy and Beyond. Palo Alto, CA, Science & Behavior
　　　　Books, Inc.

Takashi, T(2018). 자기 역사를 쓴다는 것. 바다출판사.